I0306570

www.ingramcontent.com/pod-product-compliance
Lightning Source LLC
Chambersburg PA
CBHW071513150426
43191CB00009B/1515
* 9 7 8 1 9 3 9 1 2 3 5 4 1 *

بسم الله الرحمن الرحيم

يـــا أيُّـــهَا الـذيــنَ آمــــنوا، آمـنوا

نامه‌ی یک زن ایرانی برای آقای استیون هاوکینگ

به قلم:

زهرا شفیعی‌دهاقانی

انتشارات سخنوران

۱۳۹۵

تقدیم به:

شاهکار جهان هستی، پروفسور محمدعلی طاهری،

اندیشمند عصر اندیشه

فهرست مطالب

پیشگفتار ۹

فصل اول: پندِ پیر ۱۳

فصل دوم: رد پای بزرگ ۱۷

فصل سوم: دوران‌ها و عصرها، کشمکش سال‌ها! ۲۵

فصل چهارم: آخرین ثانیه ۴۱

فصل پنجم: پایان خودخواهی و حسرت ۴۹

پیشگفتار

سلام، من زهرا شفیعی هستم و آنچه برایتان ارسال کردم علم من نیست دریافت آگاهی از اقیانوس بی‌کران جهان هستی است، سالیان دراز از عمرم چه بیهوده در طلب علم آموختن از اساتید و اندیشمندان گذشت و همچنان پر از ادعا و خودخواه از برتر بودن، به رُخ می‌کشیدم آنچه تا کنون از جویبار اندیشه‌ها می‌چشیدم و امروز می‌دانم که دربرابر آگاهی و علم لایتناهی عالم توانا، بی‌سوادترین آدم بر روی این کره‌ی خاکی هستم. سلام من را بپذیرید که قبل از انتشار نامه‌ام در این کتاب برایتان به طور شخصی نامه را ایمیل کردم اما دکتر وود یکی از دستیارانتان پاسخ من را به گونه‌ای دادند که شما تنها اندکی فرصت دارید و این زمان را به خود اختصاص داده‌اید و من به احترام شما بیش از این اصرار نکردم و تصمیم گرفتم تا نامه‌ام را در این کتاب به چاپ برسانم تا شاید شما برای پاسخ به میدان آیید؛ در این نامه که مقاله گونه شده به دریایی از علم نه از کوانتوم و متافیزیک و نه از فرضیه‌ی بنیادی فیزیک که نامزدی برای فرضیه‌ی همه چیز است و نه از فیزیک کلاسیک و نه ریاضیات و هندسه و علم نجوم که قادر به پاسخ نبود و اگر بود شاید به راه دیگری می‌رسید که از سرچشمه‌ی حقیقت برداشت شده که می‌توانید به راحتی آن را برای بارهای بار از منظر قوانین حاکم

بر جهان هستی ببینید و اثبات کنید. من نه برای جدال پا به میدان گذاشته‌ام و نه برای خودنمایی. اکنون بعد از این همه گفتگو چون برایم حقیقتی فاش شده و بر کشفی دست پیدا کرده‌ام که انسان‌های بسیار شاید هنوز نه دیده‌اند و به درک قوانین نرسیده‌اند و در انکار مانده‌اند یا مُرده‌اند، خود را موظف دانستم تا حکایت قوانینی که دور از دسترس مانده‌اند را برایتان بازگو کنم تا در جدال از ندانستن، این بُعد را ترک نکنید و اگر چیزی را در اندک بودنتان درک کردید و ناگهان در خلاء نبودنش چنگ به درو دیوارها انداختید و جامه دری کردید و خدا را نادیدنی‌تر و نامرئی‌تر از همیشه دیدید و به انکار رسیدید بدانید که چون انسان از آنچه به ظاهر نادیدنی است راه به خلاف رفته وگرنه قوانین حاکم بر جهان هستی همچون میخ‌هایی در آن، ابعاد این تمامی را در برگرفته و خارج از آن تخطی انسان می‌شده نه نبود قوانین ...

و آنچه انسان را درمانده کرده پنج بُعدی بودن خودش و زمینی است که در آن روییده و چون از منظر تک‌بُعدی به جهان هستی و پیرامونش نظر کرده جواب‌هایش ناقص مانده‌اند. نامه‌ام تنها برای شما نیست، برای کل بشریتی است که پیکره‌ی جهان هستی را از منظر یک‌بُعدی نگاه کرده و هرگز ابعاد کامل را باهم و هماهنگ نتوانسته مشاهده کند و چون قادر نبوده دست به انکار و پوچ‌گرایی زده است. من امیدوارم قبل از پایان زندگی‌تان در این بُعد از زندگی، نامه‌ی من به دستتان برسد و شما قبل از ترک این جهان قوانین ابعاد پنج‌گانه‌ی پیکره سلولی، پیکره زمین، پیکره آدم، پیکره‌ی جهان هستی و پیکره‌ی هوشمندی و قوانین حاکم بر آن(یعنی زمان و فضای پیکره‌ی سلولی، زمان و فضای پیکره‌ی زمین، زمان و فضای پیکره آدم، زمان و فضای پیکره جهان هستی، زمان و فضای

پیشگفتار

پیکره‌ی هوشمندی) که این پنج پیکره به موازات هم در خطی پرسپکتیوگونه و مرتبط و جداناشدنی «کل وجود» را رقم می‌زنند که در پیمایش فصل دیگر بی‌زمانی و بی‌فضایی، این پیکره‌ها را در مرحله‌ی بعدی زندگی مشاهده خواهید کرد که امیدم به این است که انباشته‌ی علم‌تان به شما اجازه‌ی دیدن بدهد که به تمامی، راه حل نهایی رسیدن به فرمول و قوانین است و قوانین، آنچه که ریاضی‌دانان و دانشمندان کوانتوم و متافیزیک و علوم دیگر می‌دانند نیست. قوانین بر پرده‌ی پنج‌بُعدی «وجودکل» به وضوح نوشته شده، کافی است خودخواه نباشیم آنگاه راه حل نهایی را با چشمان خود خواهیم دید.

و می‌دانم که علم، آگاهی است و نه دانسته‌های اندک بشری که تمام هستی بر پایه‌ی اصول و قوانین منظمی طراحی شده که چون قادر به درک آن نیستیم، آن‌را تصادفی قلمداد می‌کنیم، آفرین بر انسانی که در عظمت عاجز مانده و خداوند و قوانین حاکم بر سیطره‌ی وجودی را تصادفی و از نگاه خود تاس‌اندازی خداوند در هر فرآیند فیزیکی می‌داند که هرگاه دلش خواسته کل هستی را به بازی گرفته؛ آفرین بر انسان و تمام داشته‌هایش که سرچشمه‌ی آنها غرور است و تفاخر و خودخواهی تک‌بُعدی خودش ...

این کتابِ نامه‌وار را به تمام اندیشمندان و فاضلان و کسانی که در جستجوی چرایی خود و خدا بودند و هستند تقدیم می‌کنم و نیز تقدیم به شما پروفسور استیون هاوکینگ که از ابتدای ورودتان به زمین در تفحص و جستجو، مسائلی را عنوان کردید که انسان‌ها را به تفکر واداشت.

قدردان حضورتان در این جهان هستی هستیم.

فصل اول:

پندِ پیـر ...

داستان از اینجا شروع می‌شود و باز به همین جا خاتمه می‌یابد.

بمبی از جنسی دیگر در حال ساخت است که به زودی منفجر می‌شود و تمام جهانی را که دیدید به یکباره از بین می‌برد. این بمب در حال ساخت است و به زودی منفجر و دنیا را زیر و رو خواهد کرد. چیزی به نام قدرت‌ها هم نمی‌توانند در امان بمانند حتی اگر بهترین سلاح‌ها را بسازند و محکمترین دژها را و هر روز تحریم کنند و چیزی بنام پنج به علاوه‌ی یک راه بیندازند و کشورها دور هم گرد آیند و نمایش دهند معرکه‌ی قدرتشان را، من خوشحالم که دنیا در زیر بلدُزرِ زیر رو شده، اجساد را به آتش می‌کشاند. می‌خواهم دنیا بداند از این همه خودخواهی بشر تنها و تنها هنر و فلسفه و علم باقی می‌ماند و باقی به تباهی کشیده خواهد شد و خوشحالم که بت‌های خرافیی که انسان برای خودش ساخت و بافت به دست

خودش ویران خواهد شد و خوراک آتش، تمام آنچه انسان از حسرت‌ها و طمع‌هایش کسب ثروت کرده و اندوخته‌هایش شدند. خط بطلان کشیده خواهد شد بر نژادپرستی‌ها، تفرقه‌ها، کمیت‌ها، معبدها، خرافات... و همه در صلح به صلح با خود و خدا و دیگران و هستی، کهنسالی این پیکره را بر دور آتش افروخته شده که زبانه می‌کشد و جهل را می‌سوزاند جشن‌ها خواهندگرفت و سرودها خواهند سرود و رقص‌ها خواهند کرد و در آن زمان انسان‌ها دیگر مقدم بر هم نیستند مگر به عشق و عشق.

من معتقد به جنگ نیستم ولی بشر به ناچار وارد مرحله‌ی جدیدی می‌شود که من نام این مرحله را آغاز جنگ جهانی سوم در وضعیت دیگر می‌گذارم. شما چه بخواهید چه نخواهید وارد این دوره می‌شوید ولی این دوران با آنچه در تصورات‌تان است مطابقت ندارد و آنچه تاکنون از عهد آخر و پایان دنیا شنیده یا خوانده‌اید در کسری از ثانیه بعد از این نابود می‌شود. من معتقد به جنگ نیستم ولی به ناچار انسان‌ها از آن سانی که هستند باید بمیرند و دوباره متولد شوند این مهم به وسیله‌ی خود انسان‌ها انجام می‌گیرد و خودشان خودشان را نابود می‌کنند که من از این نابودی بسیار خوشحالم، انسان‌ها می‌میرند ولی نه به این آسانی بلکه در رنج و مصیبت از دست‌دادن‌های بسیار...

من معتقد به جنگ نیستم اما خوشحالم که بعد از خواندن این نوشته‌ها هر کس در تدارک جنگ برای از بین بردن و نابود کردن به میدان می‌آید و نابودگری می‌شود که رقم می‌زند آتشی را که می‌سوزاند همه‌ی آنچه تا کنون اندوخته، از هر آنچه انسان داشته ...

من معتقد به جنگ نیستم ...

من نمی‌توانم هر چیزی که برایم به شکل صورت مسأله‌ی اجباریِ از قبل حل شده بود را بدون دلیل و مدرک بپذیرم شاید برای شما هم این رویداد اتفاق افتاده باشد که سوالی مثل خوره ذهنتان را درگیر کرده باشد و هیچ کس نتواند پاسخی قانع کننده بدهد و وقتی بیشتر کنکاش می‌کنید بیشتر شما را از آنچه می‌پرسید دور می‌کنند و این تنها یک دلیل دارد چون خودشان هم نمی‌دانند، ولی من می‌خواهم بدانم یعنی باید بدانم و گرنه مسأله‌ی بودنم بر روی زمین، تنها شکل نباتی را دارد که فقط در حال زنده ماندن است و من این گونه زیستن را نمی‌خواهم. در اصل من فتوسنتز کردن را بدون دریافت منبع و بدون دانستن اصل و ریشه‌ی خودم و بدون پیدا کردن رد پاها و رسیدن به اصل خودم نمی‌خواهم. من می‌خواهم بدانم کیستم؟ اینجا و با این فیزیک چه می‌کنم؟ می‌خواهم بدانم از کجا آمده‌ام، راستش من قصه‌ی شیرینِ آدم و حوا را بدون دلیل و مدرک نمی‌توانم قبول کنم، من علمی را می‌خواهم که جریان کل هستی را بدون کم وکاست و بدون پنهان کاری برایم بگوید من آنچه می‌گویند هست و باید بپذیری را نمی‌پذیرم، من آن داستان هستی را می‌پذیرم که دارای مدارک معتبر باشد، دراصل زمانی که با نظریات آقای *استیون هاوکینگ* آشنا شدم، تردید جانم را می‌خورد و آمدنم را چه بیهوده تصور می‌کردم و خدا را نادیدنی‌تر از همیشه و خود را نباتی می‌دیدم که قابلیت هیچ چیز را ندارد و در آخر با انبوهی از فساد و تباهی می‌تواند بدون هیچ‌گونه تفسیری از خلقتش، بی‌هیچ نشانی از آدمیت برود، مدام در یک خلاء غوطه‌ور می‌شدم، مثل جان کندن بود، مثل مردن و شاید بدتر... سال‌ها پیش وقتی از مادرم ماهیت واقعی خداوند را پرسیدم، همان پاسخی را به من داد که مادرش به او و مادرِ مادرش به مادر او و اجدادش

داده بودند و توقع داشت بی‌هیچ مقاومتی نـور بـودن و دیـده نشـدن و جسـتجو نکردن خداوند را بپذیرم. راستش را بخواهید الان که به پشت سرم نگاه مـی‌کـنم خوشحالم که هرگز اولین چراغ سوالم با پاسخ اشتباهی که شنیدم خاموش نشد و برای یافتن به راهم ادامه دادم با اینکه مسیر یافتن برایم سخت و بسیار دشـوار و هر لحظه سخت‌تر و پیچیده‌تر هم می‌شد ولی رسیدن به گنجینه‌ی پاسخ سوالات از همه چیز شیرین‌تر بود حتی اگر در این عصر همه چیز را انکار کنند برای خودم رضایت‌بخش است که در ترس از جهالت و خاموشی، حیاتی نبات‌وار نداشته‌ام.

فصل دوم:

رد پای بزرگ ...

خیلی وقت است که ذهنم درگیر یک مسأله‌ی بسیار بـزرگ شـده و در خـواب و بیداری در قدمگاه فکرم مدام رژه می‌روم. چیزی شبیه یک کشف بـزرگ از یـک گنج عظیم که هر بار که به یکی از سوالات در ذهنم پاسخ داده می‌شود یک گـام به این گنج که وسعتش را اندازه نیست نزدیک‌تر می‌شوم. این روزها در پی یافتن گنج وجود به چیزی بیشتر از آن دست یافته‌ام، حالا هرگاه چیزی جدیـد کشـف می‌کنم روحم بی‌قرار از این یافتن چه راحت مـی‌گـذرد از ایـن کشـف، چـرا کـه می‌دانم کشفی دیگر را در دل نهان کرده است.

فهمیده بودم که آدم در پرسپکتیو جهان هستی واقع شده است و هر آنچه در جهان هستی قرار دارد، درون من آدم هـم وجـود دارد امـا کلنجـار رفـتن بـااین موضوع که از دور چشمک می‌زد و من را دعوت به مسیری می‌کرد که به من یک حس مازوخیسم را می‌داد چیزی که می‌دیدم با چیزی که ثابت شده‌ی نظریـه‌ی

اندیشمندان بود فاصله‌ای نداشت اما برای من مسیری طولانی و پر پیچ و خم را حکایت می‌کرد.

سوال‌هایی که به سادگی به پاسخش می‌رسیدم و متوجه شده بودم حتی پاسخ سوالات می‌تواند دارای شعور بالایی باشد تا جایی که حقیقت‌هایی را روشن می‌کرد که دیگر هیچ کس زیر بار پاسخ‌های خرافه نرود و بتواند مقیاس درستی پاسخ‌هایش را با قرار دادن در دو پیکره‌ی جهان هستی و پیکره‌ی آدم پاسخ دهد و زیر بار سردرگمی‌های مسیرهایی که منحرف به جاده‌های بی‌سرانجامی می‌گشت، نگردد و خود انسان، توانمند به یافتن پاسخ‌ها می‌شد و دیگر با یک سوال مطرح شده در پیرامونش هزاران سوال مطرح نمی‌شد و همان یک سوال با پاسخ به آخرین پاسخ می‌رسید برای مثال نیوتن با کشف جاذبه هزاران و میلیون‌ها و میلیاردها سوال تولید کرد ولی اگر همین سوال را در پیکره‌ی آدم در مقیاس پیکره‌ی جهان هستی قرار می‌داد، سوال ادامه دار نمی‌شد و انسان با کشف ریشه‌ی جاذبه به کل می‌رسید. می‌دانم و مطمئن هستم که آنچه امروز منطبق بر دو پیکره کرده‌ام انسان را به مقصد می‌رساند و انسانی که امروز حریص گشته چون به ذات خود پی ببرد عادل می‌شود و منافع کل را در منافع جز می‌داند و چون عدالت برقرار شود دورانی که در آشوب‌ها می‌گذرد به سرعت طی می‌کند.

اولین سوالی که ذهنم را به درد آورده بود به قاعده‌ی تمام سوال‌هایم دوست دارم اینکه چرا هیچ چیز در این جهان هستی قرینه نیست و آن را ریزتر کردم(همه چیز در جهان هستی به شکل نر و ماده است و هیچ چیز با قسمت نیمه‌ی دیگر خود قرینه نیست حتی یک اتم) ولی گسترش این سوال را ابتدا با طرح سوالِ چرا پیکره‌ی آدم قرینه نیست؟ ادامه دادم و یافتم که انسان‌ها فرقی

نمی‌کند زن یا مرد، همه‌ی آدم‌ها از دو نیمکره‌ی چپ و راست که نیمکره‌ی راست قوی‌تر و محکم‌تر و نیمکره‌ی چپ حساس‌تر و ظریف‌تر و قدری کوچک‌تر از سمت راست است و حالا این پیکره را روی پیکره‌ی هستی قرار دادم و دانستم آنچه در عالم هستی وجود دارد و اتفاق می‌افتد در پیکره‌ی آدم بی‌کم‌وکاست رقم خورده و می‌خورد. آدم از دو نیمکره‌ی چپ و راست که سمت راست آن بزرگ‌تر و قوی‌تر و تمام کارها با سمت راست انجام می‌گیرد ولی در هماهنگی کامل از سمت چپ...

پیکره‌ی آدم از دو نیمکره‌ی نرینه و مادینه تشکیل شده که متفق با هم و در وحدت کامل هستند و تمام وجود انسان را تکمیل و همراه باهم به حرکتی که باعث رشد و ادامه‌ی مسیر است منجر شده است. در قسمت چپ بدن، قلب و در قسمت راست این نیمکره مغز قرار دارد و کارهای سمت چپ که از شور و عشق و هیجان و لبریز از احساسات منشاء می‌گیرد و قسمت راست که پیرو عقل و منطق است اما چون هر دو قسمت در وحدت کامل هستند گاهی عقل و گاهی عشق بر دایره‌ی فکری تأثیر می‌گذارند. وقتی نگاه کنید این زن و مردِ درون آدم هرگز به اختلاف باهم قهر نمی‌کنند و هر کدام در تکمیل کردن کل خود نقش دارند و هیچ کس بر دیگری برتری ندارد. زن و مردِ درون پیکره‌ی آدم از زمان جنینیِ جهانِ هستی تا زمان امروز که مرزی به باریکی مو میان میانسالی و کهنسالی دارند در کنار هم و باهم در وحدت کامل و نه در نافرمانی مشغول تکامل آدم بوده‌اند که اگر نافرمانی می‌کردند تبدیل می‌شد به آدمی که عقب مانده است یا شبیه دوجنسیتی‌ها و بسیاری از آدم‌هایی که از نظر تکامل شکل نگرفته‌اند و این نشان از وحدت پیکره‌ی عظیم جهان هستی می‌دهد هرچند که ما

از نگاه بیرون، زن و مرد را جداگانه می‌بینیم و در جدال و باافکار روبروی هم که بافت‌های جهان هستی را با چنگ و دندان ریش ریش می‌کنند. این پاسخ را هزار بار از زاویه‌های مختلف بررسی کردم و متوجه شدم چرا انسان‌ها از نظر رنگ و قوم و نژاد باهم متفاوت هستند. این پرسش را باید در پیکره گذاشت تا به پاسخ آن برسیم که هر کدام از سلول‌ها برای بخشی طراحی شده‌اند برای مثال بافت و شکل و اندازه و حتی رنگ سلول‌های استخوانی که وظیفه‌ی شان نگهداری و محکم‌سازی استخوان است با بافت و شکل و حتی رنگ سلول‌های پوست بسیار متفاوت است زیرا هر کدام از سلول‌ها در هر نقطه‌ی بدن وظیفه‌ی خاصی دارد که در خارج از حوزه‌ی خودش در عمل بی‌استفاده است و در صورتی که وارد محوطه‌ی سلولی دیگری شوند وِفق دادن خودشان با محیط بسیار سخت خواهد شد اما در دنیای بیرونی خود دیده‌ایم که آدم‌های بلند قامت با پوست تیره و نژاد متفاوت در بین آدم‌های سفیدپوست با قامت متوسط توانسته‌اند زیست کنند و یا شاید آمیخته‌شدنشان با هم به وجود آورنده‌ی نسلی جدید بوده است، هرچند که این مهم هم ممکن است اتفاق بیفتد اما از اصل خود دور شده و تبدیل شده‌اند و هنوز به سمت اصل خود فرا خوانده می‌شود حالا این اتفاق را در پیکره‌ی آدم می‌گذارم و متوجه‌ی اختلال در سیستم می‌شویم اما علم از این اختلال نتیجه‌ی ژنی می‌گیرد در حالی‌که این در تمرد سلولی که از جایگاه خود خارج شده و تبدیل شده به یک شخصیتی که دیگر شخصیت خود را از دست داده و می‌خواهد تبدیل بشود قرار می‌گیرد که گاه مخرب است این جریان در مرحله‌ی اول با تعمق، ما را وادار به تفکر می‌کند تا متوجه شویم که بر اساس نقشه‌ی پیکره‌ی آدم، نقشه‌ی پیکره‌ی جهان هستی نقش گرفته و اگراین نقشه‌ی جغرافیا را منطبق

بر پیکره‌ی آدم کنیم تازه متوجه می‌شویم با یک نمودار ساده که براحتی از آن گذشته‌ایم و چشم پوشی کرده‌ایم می‌توانیم به راحتی تمام معانی جهانی را پیدا کنیم. با گذاشتن نقشه‌ی جغرافیا بر پیکره‌ی جهان هستی و پیکره‌ی آدم، نقشه‌ی کشور ایران را می‌بینیم که در کجای پیکره‌ی آدم قرار گرفته، همچنین کشورهای دیگر را که در کجا قرار گرفته‌اند به این شیوه می‌توانیم به راحتی جایگاه هر چیزی را بدست آوریم و بر اساس این نقشه‌ی یافته شده به گنج بزرگی از وقایع و حقایق دست پیدا کنیم!!!

وقتی پی به این واقعه بردم فهمیدم که ایران چه جایگاهی دارد و حوادث تاریخی و سیاسی و... را از زمان به وجود آمدن جهان هستی تا به امروز به چه شکلی رقم خورده و بعد از این چه رقم خواهد خورد که این رقم خوردن و آینده بینی مختص تنها ایران نیست و می‌توان همه‌ی کشورها را زیر ذره بین این کشف گذاشت. ایران در پیکره‌ی عظیم جهان هستی در جغرافیا در قسمت جنوب غربی واقع شده است که در پیکره‌ی جهان هستی ایران دقیقاً در بخشی از قلب این پیکره قرار دارد.

قلب، معدن خون و خون‌رسان به نقاط پیکره و می‌توان تمام نقاط کشورها را در این پیکره پیدا کرد تا متوجه‌ی چرایی شکل گرفتن آدم‌ها با رنگ و نژاد نسل‌ها شویم در واقع مثل سلول‌ها و بافت‌های بدن که هر کدام در هر بخش وظیفه‌ای دارند و هر کدام شکل و قیافه و اندازه‌ی خودشان را دارند مثلاً سلول مغز شبیه سلول قلب نیست و مثل آن عمل نمی‌کند و یا سلول استخوانی مثل سلول بافت ماهیچه‌ای نیست و... وقتی این پیکره را روی پیکره‌ی آدم بگذاریم متوجه‌ی چیزی فراتر هم می‌شویم و اینکه...

تاریخ تکرار می‌شود یعنی چه؟

تاریخ تکرار می‌شود و ما مدام خود را توبیخ می‌کنیم که این اتفـاق در طـول تاریخ دیده شده ولی الان باز همان اتفاق و به شدت بیشتر رقم می‌خورد. چـرا از گذشته درس نگرفته و جبران خسارت نمی‌کنیم؟ علت به وضوح روی پـرده‌ی جهان هستی و پیکره‌ی آدم نوشته شده برای مثال شما در کودکی مبتلا به یـک شکستگی استخوانی شده‌اید و استخوان شما با خوددرمانی یا درمان ناقص التیام پیدا کرده اما بزرگ‌تر شده‌اید و با یک فشار کوچک بر روی اسـتخوانتان احسـاس درد دارید و امکان شکستگی یا پیچ خوردگی در همان نقطه و هر لحظـه شـما را تهدید می‌کند این شکستگی کهنه‌تر می‌شود و بافت‌های شما هـم ماننـد دوران کودکی نیستند و شما باز التیام پیدا می‌کنید اما این شکستگی خوب نشـده را از زمان کودکی تا زمان‌های بعدی با خـود داریـد و در زمانی کـه شـما بـه سـنی می‌رسید که دوران کودکی و حادثه‌ی پیش آمده را پشت سر گذاشته‌اید اما با یک جریان دیگر دوباره این آسیب جدی‌تر و شکستگی وخیم‌تر می‌شود.

وای بر وقتی که به دوران کهولت برسید و این اتفاق در این دوران برایتان رخ دهد که در بستر افتادن و دیر خوب شدن جریان وخیم تری را رقم می‌زند، تکرار تاریخ دقیقاً همان مداوا نکردن و ترمیم نشدن حوادث است به شکلی کـه بـاز بـا کوچکترین بهانه آن اتفاقات رقم می‌خورد، در مقیاس وسیع‌تر و بدتر، می‌خـواهم به شما بگویم، اتفاقاتی که در طول تاریخ تکرار شده را اگر روی پیکـره‌ی جهـان هستی بگذارید برای نمونه مشکلات و اتفاقاتی که برای عضو قلب این پیکره در طول تاریخ رقم خورده، در اعصارِ بعدیِ رشدِاین قلب، باز همان اتفاق و باز همان مسائل دوباره روی می‌دهد و تا زمانی که ریشه یابی مقدم نباشد و تصورمان فقط

بهبودی نصفه نیمه باشد این تکرار تاریخی تا جایی که از پا بیندازدمان ادامه می‌یابد مگر اینکه بفهمیم چرا این رویداد در مقیاس وسیعتری دوباره تکرار شده و باید چه کنیم ؟ در ایران از اول پیدایش این سرزمین اتفاقات خوب و بد بسیاری رقم خورده و اینکه چرا باز دوباره و دوباره و دوباره همان اتفاق‌ها تکرار و تکرار و تکرار می‌شود نتیجه‌ی همین ریشه‌یابی نکردن موضوعی است که از ابتدا، سر و ته قضیه با سفسطه‌بافی‌های نادانان بسته شده و ایران بارها از این ناحیه ضربه خورده... البته امیدوارم دیگر به درک چرایی این موضوع برسیم...

جالب بود روزی من خانه‌ی دوستی بودم که تابلویی سورئال بر روی دیوار داشت که تصاویرش من را به فکر فرو برد، یک کتاب با نوشته‌های نامفهوم و چهره‌ی مجسمه‌ای که نیمی از آن زن و نیم دیگر مرد، وقتی از صاحب تابلو خواستم تا کتاب نهفته در نقاشی را بخواند تعجب کرد و برایش معنی نمی‌داد دقیقاً مثل منِ آدم که همیشه خواندن کتاب جهان هستی برایم دشوار بوده که اگر موفق به خواندن کتاب جهان هستی می‌شدم آن وقت تمام رموز برایم حل و فصل می‌شدند. باید به شما بگویم جواب همه چیز در ابتدای ظهور آدم و پیدایش جهان هستی است تنها باید کمی زحمت بکشید و کتاب جهان هستی را به عقب ورق بزنید. برایتان شگفتی خواهد آورد وقتی بفهمید خطاهایی که در طول تاریخ تکرار شده‌اند به چه سادگی حل می‌شدند و ما مثل یک کلاف سر در گم شده‌ایم و قرن‌هاست به دنبال رهایی از این مخمصه...

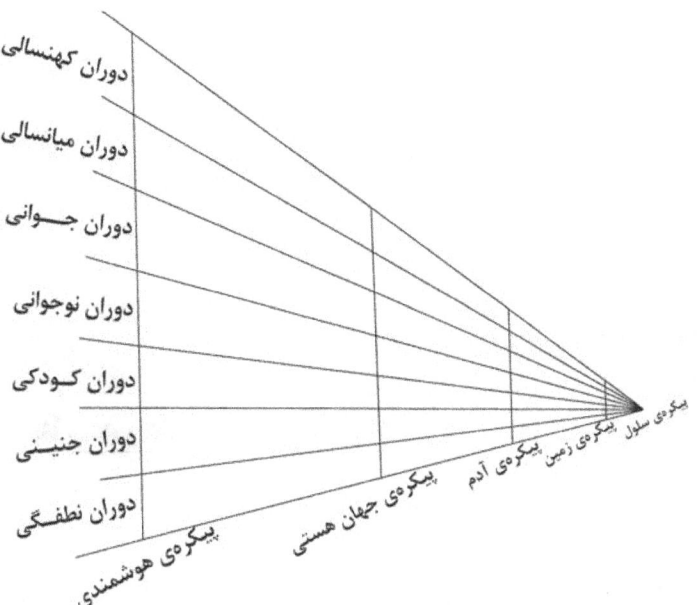

نمودار عمودی پرسپکتیو: پیکره‌ی سلول، پیکره‌ی زمین، پیکره‌ی آدم، پیکره‌ی جهان هستی، هوشمندی حاکم بر جهان هستی و خداوند عادل را نشان می‌دهد.

نمودار افقی پرسپکتیو: دوران نطفگی، دوران جنینی، دوران کودکی، دوران نوجوانی، دوران جوانی، دوران میانسالی و دوران کهنسالی را نشان می‌دهد.

فصل سوم:

دوران‌ها و عصرها، کشمکش سؤال‌ها!

ما از دوران جنینی چه می‌دانیم؟ در دوران کودکی چه شناختی از یک کودک داریم؟ و یا نوجوانی و جوانی چه حالاتی را دارند؟ و یک آدم در میانسالی دارای چه خصوصیات اخلاقی می‌باشد؟ و پا گذاشتن به مرز کهنسالی چه ارمغان یا تهدید و ترسهایی را برای آدم کهنسال فرتوت دارد؟ و یا چیزی در باره‌ی پایان خود می‌داند یا نه؟... آیا در مورد مهاجرت اقوام و نژاد پرستی هم این مقوله را مهم دانسته‌اید که چرا من که در ایران زندگی می‌کنم و قومی افغانی که همزبان من است را نمی‌توانم بپذیرم؟ یا چرا قوم دیگری که ارامنه هستند می‌توانم بپذیرم؟ اگر درون خود را نظاره کنید متوجه می‌شوید گاهی وقتی پیوند اعضای داخلی انجام می‌شود بعد از آزمایشات و... پیوند مناسب تشخیص داده می‌شود و این عمل انجام می‌گیرد ولی عضو پیوندی جدید از سمت بدن پس زده می‌شود

چون سلول‌های نگهبان آن را نمی‌توانند شناسایی کنند و به آن هجوم می‌آورند و گاهی ممکن است عضوی پذیرفته شود که آزمایشات جواب منفی برای پیوند داده‌اند اما سلول‌ها و اعضای گروه بدن از آن استقبال می‌کنند گاهی نگهبانان در شناخت (به قدری شباهت سلولی و ملکولی زیاد می‌شود) که اشتباهی پذیرفته می‌شود و در بیرون از دایره‌ی بدن این پدیده را نژادپرستی می‌خوانند!!!

آیا تا به‌حال موقعیت زمین را که گالیله ادعا کرد گِرد است و می‌چرخد درون پیکره‌ی آدم جستجو کرده‌ایم؟ زمین در کجاست؟ آیا گرد است؟ آیا می‌چرخد؟ من با اطمینان می‌گویم که هر نظریه‌ی ثابت شده یا نشده را در این محور که سمتی از آن پیکره‌ی آدم و سمت دیگر آن پیکره‌ی هستی است قرار بدهید تمام سوالاتتان را پاسخ خواهید گرفت. تمام اینها سوالاتی هستند که هر کدام به اندازه‌ی هزار صفحه گنجایش برای توضیح دارد اما من آنقدر ذوق زده‌ام که می‌خواهم خیلی سریع به این موضوع بپردازم. اول از همه دوران جنینی که در دوران جنینی وسعت آب درون دایره‌ای که سرزمین جنین محسوب می‌شود چقدر است؟ این را روی پیکره‌ی جهان هستی بگذارید: در زمان پیدایش جهان هستی، سطح زمین از چه مقدار آب تشکیل شده و چه سطحی از آن را خشکی پوشانیده بوده است؟ میزان آب و خشکی به شکلی کاملاً دقیق به نسبت اندازه‌ای است که یک جنین درون مایع شناور است! عجیب است اما حقیقت محض است! دوران کودکی آدم: با شناخت روحیات یک کودک و روانشناسی مختصر از روحیات او و برابر کردن آن با تاریخ جهان هستی متوجه‌ی کنجکاوی‌های کودکانه و پیداکردن‌های کودکانه و یافتن‌های او می‌شویم، کودکی، دوران سادگی و پذیرفتن‌ها و یادگیری‌هاست. این دوران را با دوران کشف‌ها و یافتن آتش و آهن

فصل سوم: دوران‌ها و عصرها، کشمکش سؤال‌ها

و... مطابقت دهید. دوران نوجوانی آدم: با دوران نوجوانی جهان هستی در پیدایش تمدن‌ها و فرهنگ‌ها و احساس بزرگ بـودن‌هـا و نشـان دادن خـود کـه در مـرز کودکی و جوانی دست و پا می‌زند و در تلاش است تا حسابی بـرای خـودش بـاز کند. دوران جوانی و پیدایش عشق‌ها و کشمکش‌ها بر سر غرورهـا و غیـرت‌هـا و پیدایش عصر هنر از پیدایش موسیقی‌ها و مجسمه‌ها و ادبیات و نمایش‌هـا... عصر رمانتیک... که این دوران از شکوهمند ترین بخش افتخارات جهان هستی و بشر و شکوفاشدن‌هایش می‌توان نام برد و پاسخی برای آنانی بود که گفتند عصر هنـر و پیدایش و خلق آثار و ارائه‌ی نوآوری‌ها چرا تکرار نمی‌شود، در ایـن عصر انسـان چگونه توانسته خالق عظیم‌ترین‌ها شود و غول‌پیکرترین سازه‌ها را بسازد و خـالق هنرمندانه‌ی علم و آفرینش هنر و شناختن‌ها، عصر بوعلی‌ها، حـافظ‌هـا، خیـام‌هـا عطارها، وَنگوگ‌ها، داوینچی‌ها ... که پاسخی است برای آنان که مـی‌اندیشـند بـه اینکه تفاوت در عصرها را درک کنند در زمان جـوانی و در زمـان پیـری... دوران میانسالی اما دوران حرص‌ها و آزها و دویدن‌ها برای رسیدن‌ها به مقصدی نامعلوم، جنگ‌ها و کشتارها و از بین‌بردن‌هایی که برای کشور گشایی و تملک و داشتن‌ها... این آدم می‌خواهد که به او احترام گذاشته شود و فقط حرف او را بپذیرند و اجازه نمی‌دهد تا حرفی روی حرفش بزنند و گاهی لجبازی‌هایش خنـده دار مـی‌شـود چون حقوق دیگران را زیر پا می‌گذارد تا فقط به او احترام گذاشته شود امـا بـاز مجبور به عقب نشینی می‌شود چون گمان می‌کند باید بـا سـلاح جدیـدتری بـه معرکـه بیاید،عصـر خلـق ماشـین‌هـا و تکنولـوژی و خـود را در اختیار ماشین گذاشتن‌های تدریجی جایش را به اندیشیدن‌های رفتن و یافتن می‌گیـرد و همـه چیز با ارتباطات مجازی شکل و رنگ و لعاب تازه تری می‌گیرد اما...

این روزها وقتی جنگ‌ها را روی نمودار می‌گذارم و جنگ قلب و مغـز را بررسی و محاسبه می‌کنم با خود می‌اندیشم که آدم در وضعیت طبیعی سه بار که سکته کند می‌میرد، پیکره‌ی جهان هستی دوبار سکته کرده در جنگ جهانی اول و جنگ جهانی دوم آیا می‌شود که آن را از سکته‌ی سوم نجات داد یا کشورهای واقع شده در مغز و قلب چنان به یکدیگر هجوم می‌آورند که این پیکره‌ی پیـر یـا بر روی چرخ ویلچر، زمان کهنسالی را به استقبال مرگ برود یا با همان سـکته‌ی سوم فاجعه‌ی دیگری برای پیکره‌ی جهان هستی رقم می‌خورد؟

راستی اگر سلول‌های بدن ما هر کدام خود برای خود تصمیم‌گیری می‌کردند و در جدال و رو کم کنی از هم گوی سبقت را می‌ربودند آیا هنـوز شـبیه انسـان بودیم؟

با پیدا کردن وضعیت امروز انسان معاصر یا انسان میانسالی کـه پـا بـه دوران کهنسالی می‌گذارد به کشف‌های جالب تری برخورد خـواهیم کـرد بـرای مثـال، پیکره‌ی آدم منطبق بر پیکره‌ی جهان هستی در قسمـت سـمت راسـت خود توانایی‌هایش کمتر و کمتر می‌شود، این موضوع در نمودار جهان هستی این شکل دیده می‌شود که تعداد زاییده شدن پسرها کاهش چشم‌گیری پیدا می‌کند، یـک آدم پیر بعد از گذراندن دوران میانسالی قدرت باروری خود را بـه مـرور از دسـت می‌دهد این اتفاق را به طور دقیق روی پیکره‌ی جهان هستی می‌بینیم که قدرت باروری در نسل کهنسالی کاهش پیدا می‌کنـد. آب بـدن انسـان کهنسـال کـم می‌شود و اعضای بدنش چروک می‌شوند و این در پیکره‌ی جهان هستی با کمبود آب و چین‌خوردگی‌های سطح زمین به وضوح خود را نشان می‌دهد.

فصل سوم: دوران‌ها و عصرها، کشمکش سؤال‌ها

با مطالعه‌ی وضعیت انسان کهنسال می‌توانیم آینده را به طور صـد در صـد تخمین بزنیم: درون پیکر یک آدم کهنسال چه خبر است؟ مغز تحلیل مـی‌رود و دچار فراموشی می‌شود و قـدرت حافظـه اش کـم شـده و مـدام در حال تکـرار رویدادهای گذشته است و آنچه مـی‌دانـد اندوختـه‌ی گذشته‌ی اوست و دیگـر نمی‌تواند برای حال خود بیندیشد و آینده‌ای را ترسیم کند این در حالی است که مدام به عقـب بـر مـی‌گـردد و عـواطفش بـر عقلـش سـایه انداختـه، گـاهی بـه کودکی‌هایش سرک می‌کشد و گاهی در جوانی‌هایش قدم می‌زند بر ایـن اسـاس می‌توان به کشورهای مقیم مغز(که یکی از این کشورهای مقیم مغز امریکا است) این هشدار را داد که به رو به انحطاط هستند پس آنچه آنها را بایـد نگـران کنـد بمب‌های اتمی کشورهای دیگر نیست بلکه تحلیل رفتن در همه‌ی دیدگاه‌هایشان آنها را بارها متضرر می‌کند به همین جهت و از این منظر به آنها باید هشدار داد که برای جنگ‌ها و کانال‌های دستیابی به قدرت هزینه نکنند، تنها به یـک چیـز بیندیشند... دوران کهنسالی نزدیک است! این یک هشدار جدی بـرای دوسـتانی است که در مغز(آمریکا) و ایستگاه کنترل کننده‌ی بدن فرمانروایی می‌کنند، به زودی قدرت تحلیل می‌رود...

یک کهنسال توان جنگیدن را از دست می‌دهد و فقط به مرور خاطرات بسنده و از تجربیاتش استفاده می‌کند و خواهان یک زندگی آرام و داشتن آرامش اسـت اما هنوز حریص است و از موضوعی به نام مرگ به شدت می‌ترسد و حالا در پی اندوختن برای رسیدن به بهشت است و می‌خواهد اشتباهاتی که خود کرده را بـه دیگران هم گوشزد کند و چون حافظه اش کمرنگ شده و فراموشکار شده اسـت کارهایی که انجام می‌دهد اعتماد را کمرنگ می‌کند پـس بـه تکنولـوژی چنـگ

می‌زند تا داشته‌هایش را در سیستم‌های آهنی ضبط کند، این آدم قادر به خلق آثار جدید نخواهد بود و فقط می‌تواند همه‌ی داشته‌های قبلی خود را با کمک ابزار حفظ کند، بسیار به عتیقه ابزار علاقه می‌کند و در دورترها و افتخارات اجدادیش با جمع‌آوری خاطراتش دنبال خوشبختی می‌گردد. کم کم از تکنولوژی هم فاصله می‌گیرد و در انتظار قرار می‌گیرد اما خودش هم نمی‌داند منتظر چیست.

با بررسی کلیه و کبد و معده و روده‌های یک فرد کهنسال می‌توان اسرار دیگری را کشف کرد که اگر یک فرد کهنسال را منطبق بر جهان هستی کنیم آینده‌ی کشورهایی که در این نواحی هستند رقم می‌خورد.

امروز که من در ایران و در ناحیه‌ی قلب زندگی می‌کنم باید بدانم که احساسات در نیمکره‌ی چپ و در قسمت مادینه قرار گرفته و می‌توان اخلاق و رفتار را در این بخش ریشه یابی کرد و متوجه‌ی این مسأله شد که آینده‌ی ایران در پیکره‌ی جهان هستی که در قلب واقع شده، اگر دایم در کشمکش و اضطراب و مفعول بودن بگذرد دیری نخواهد گذشت که رگ‌های قلب بسته خواهد شد و مشکلات مهم و جدیی حتی تا مرز انفاکتوس(سکته قلبی) را تجربه خواهد کرد، خودخواهی‌ها فقط برای یک شخص نیست برای کل جهان هستی هم رقم می‌خورد و باید این مهم را درک کنیم که اشتباه یک فرد به ضرر کل جهان هستی تمام می‌شود بدین معنی که کشورهای بزرگ که بخش مغز را تصرف کرده‌اند هوشیار باشند که وضعیت قلب اگر در یک نابسامانی باشد آنها هم حال و روزشان نابسامان خواهد بود. این یک تهدید بسیار جدی است، نکته‌ی مهم‌تر آن که همه‌ی کشورها باید بدانند اگر مغز از بین برود کل سیستم بدن در خلسه، کُما

فصل سوم: دوران‌ها و عصرها، کشمکش سؤال‌ها

و حتی مرگ فرو خواهد رفت، این یک ضرر و زیان دوطرفه محسوب می‌شود که فهمیدنش دور از ذهن و دور از حقیقت نیست آنچه باید به درکش برسیم کنارگذاشتن تمام خودخواهی‌هایی است که تاکنون مرزی نداشته‌اند و این بار جنگ به شکل تشعشعات درون پیکره‌ای رخ می‌دهد نه با اتم و اسلحه...این یک نظریه و نمایش خنده‌دار است که کشورهای تصرف‌کننده‌ی قلب و مغز دندان‌هایشان را به هم نشان می‌دهند غافل از این اصل که ضربه زدن به خود ضربه زدن به ریشه‌ای است که فکر می‌کنید هیچ وقت آسیب نمی‌بیند این تصور باطلی است که با از بین رفتن یکی، شما قدرتمندتر می‌شوید برای مثال: اگر مغز یک آدم کار کند و بقیه‌ی اجزا کار نکنند نتیجه چه می‌شود؟ اگر مغز این آدم ظرفیتش بی‌اندازه هم باشد نداشتن اجزا دیگر او را به یک مرده تبدیل می‌کند و یا آدمی که هیچ نشانه‌ای از حیات ندارد و فقط ضربان قلبش می‌زند و بقیه‌ی اعضای بدن لمس شده‌اند در این صورت آیا این آدم چیزی بجز یک نبات به حساب می‌آید؟! از این رو بسیار مضحک است که تصمیم گرفته‌ایم همدیگر را از روی نقشه پاک کنیم!!

امروز تا رسیدن به عصر کهنسالی تنها دو قدم مانده و ما با این تن فرتوت و خسته و کهنه چه معامله‌ایی می‌خواهیم بکنیم؟

با بدست آوردن و مطالعه‌ی دقیق درونی و بیرونی یک آدم کهنسال به هزاران سوال پاسخ خواهیم داد. به عنوان نمونه اشتیاق انسان معاصر برای عمل‌های جراحی برای چیست؟ طراحی امروز از نظر آرایش و لباس و سایر دیزاین‌ها از چه منشایی سرچشمه می‌گیرند و انسان بعد از این چه خواهد کرد؟ پاسخ به این سوال‌ها و صدها سوال دیگر به همان شیوه تطابق با نقشه کل میسّر خواهد بود و نیز می‌توان

روند خرید و فروش و خانه‌سازی‌ها و کمبودها و تولید نسل‌ها و تنهایی‌ها و سایر تجربیات را پیش بینی کرد.

کهنسالان بدنشان ضعیف می‌شود و در درون سرما را به شدت حس می‌کنند حتی در تابستان !! در عصر کهنسالی تابستان‌های خنکی را تجربه خواهیم کرد و این سرما رو به افزایش خواهد بود اما این سرما از جنس سرمای عصر یخبندان نیست این سرمایی خشک است.

به راستی که هدف از خلقت چقدر عظیم بوده و هست و منِ آدم با غرورها و شهوت‌ها و جنگ‌ها و ویرانگری هایم چه طلبکارانه دنبال عدالت می‌گردم درحالی که خود مسبب همه تخریب‌ها و بی‌عدالتی‌ها بوده‌ام. من با رو‌ی هم گذاشتن این دو پیکره و پایین آوردن اُپاسیتی(شفافیت در لایه ها) موفق شده‌ام تا به سوالات زیر پاسخ دهم که ابتدا طرح سوال می‌کنم و بعد به آن می‌پردازم. شکافتن سوال‌ها و رسیدن به پاسخ‌ها به قدری سهل و ساده می‌شوند که دائم در حال یافتن سوالی دیگر هستیم تا آن را منطبق براین پیکره کنیم و شاید یکی از سرگرمی‌های انسان عصر آخر که امیدوارم محقق شود حل کردن جدول هستی‌ست.

سوال: مرزها در بدن انسان کدامند و آیا این مرزبندی در پیکره‌ی آدم هم وجود دارد و شکل گرفته است؟

مرزها در بدن هم وجود دارند و به وسیله‌ی مخاطها از هم جدا شده‌اند و این جدا شدن به شکل فعلی، ورود سلول‌های هر جزء را به اجزا دیگر غیر ممکن می‌کند و اگر این اتفاق بیفتد هشدار داده می‌شود به عنوان مثال در قسمت مغز ورود سلول‌ها از اعضای دیگر یک هجوم به حساب می‌آید و گزارش این هجوم به

فصل سوم: دوران‌ها و عصرها، کشمکش سؤال‌ها

طور سریع داده می‌شود و مهاجم به سرعت از بین می‌رود، هر بخش دارای مخاط جدا کننده است و مرزها به وسیله‌ی نگهبانها، پاسبانی می‌شوند نمی‌توان تصور کرد که اگر این مرزها و نگهبان‌ها نبودند مهاجرت سلول‌ها و ریزبافت‌هایی که از مرز می‌گذشتند و وارد عصب مغز می‌شدند، به چه سرانجامی منتهی می‌شد؟ حالتی دیگر: کیست شدن و تجمع و تبدیل شدن به غده است که ممکن است ناشی از جمع شدن تعدادی سلول دور هم در یک بافت باشد در این حالت آیا نگهبان‌ها از پس این مهاجران بر می‌آیند و یا منجر به سرطان خواهد شد؟ کم‌کاری یا پر کاری نگهبانان تعیین کننده سلامت یا نابودی خواهد بود این مهم بر روی پیکره‌ی جهان هستی هم همین مسأله را شکل می‌دهد و منجر به این سوال خواهد شد که برای هجوم افراد در مهاجرت‌ها چه باید کرد؟ جواب بسیار ساده است ارتقاء بینش انسان بعد از یافتن ماهیت خویش، خود به خود منجر به حل مسائل خواهد شددر آن صورت هر کس در جایگاه خود قرار می‌گیرد و می‌داند اگر از درون جایگاهش خارج شود به وجود آورنده‌ی آمبولی(توده جدا شده در حال حرکت) خواهد شد که ناخواسته و نا آگاهانه بخشی از پیکره‌ی جهان هستی را مبتلا و درگیر یک فاجعه می‌کند.

با پاسخ به این سوال به راحتی می‌توان سوال بعدی را پاسخ داد: انسان کیست و چه شکلی دارد؟ آیا در حقیقت ماهیت ما این است و این گونه‌ایم؟ پاسخ با در دست داشتن نقشه‌ی جهان هستی و پیکره‌ی آدم و مطابقت هر دو باهم کشف می‌شود، سلول‌های بدن انسان هر کدام دارای یک کاراکتر و شخصیت و هر کدام وظیفه‌ی مشخصی دارند، تصوّر کنید یکی از سلول‌ها صبح از خواب بیدار می‌شود و جلوی آینه می‌رود و در همین هنگام خود را می‌بیند که در حال دست و پا در

آوردن است، اینکه منِ آدم چگونه تکامل یافته‌ام در آغاز دقیقاً یک تک یاخته‌ای بوده‌ام که در رحم به همین صورت فرم گرفته‌ام، ما فقط یک سلول هستیم که در پناهگاه جهان هستی فرم گرفته‌ایم و به شکل حیاتی که اکنون داریم درآمده‌ایم. در تصور خود سلول‌ها و بافت‌های خود را تصور کنید که آنها هم دست و پا دارند به مدرسه می‌روند پدر و مادر دارند و هر کدامشان یک زندگی شبیه زندگی ما دارند، کمی گیج کننده است اما اندکی فکر کردن به ما در بدست آوردن ماهیتمان کمک می‌کند، این باعث می‌شود تفاخر و غرور و منیت هایمان پوچ شود. وقتی متوجه شویم فقط یک سلولیم و اینکه دور خود می‌چرخیم تا به خود زینت آویزان کنیم در حقیقت زیبایی من را زائل کرده است اما من در جهل و ناآگاهی چار چوبی را ساخته‌ام و خودم را ملزم به این چارچوب نموده‌ام چارچوبی که گاهی آسیب‌های روانی‌اش بیشتر از آسیب‌های جسمانی اش است و بدین وسیله، آسیب‌هایی به خود و بر پیکره‌ی جهان هستی وارد کرده‌ام، من با نداشتن اطلاعات (اصلی) زاییده و تکثیر شده از سلولی و در حال تکثیر سلول‌های دیگر هستم و به این مهم واقف نشده‌ام که کمی در احوالات خودم به جستجو بپردازم و آگاه شوم که کار من فقط خوردن و خوابیدن و پرورش تن و تکثیر خود نیست، من وظیفه‌ی سنگین تری دارم که پیش از پایان زمانم باید به آنها واقف شوم. کار سخت و سنگینی که باید خودم آن‌را بیابم و حالا در هزاران و یا میلیون‌ها و میلیاردها چارچوب، سردرگم شده‌ام و چون برای انسان سردرگمی دردآور است به وادی بی‌خیالی خود را سپردن، پایان کارش می‌شود، اگر تصورمان این باشد که به من مربوط نیست و در آخر الزمان کسی می‌آید و یک شبه همه چیـز را درست می‌کند باید تأسـف خورد بر این تصور بی‌خردانه... البتـه مـن منکر ایـن

نمی‌شوم که آخر زمان نزدیک است و منکر منجی هم نیستم اما نـه آنگونـه کـه خود را بدون تفکر از عمق ماجرا درون یک شیشه کنم تا کسـی بیایـد و راه‌هـا را بگشاید این برایم غیر قابل هضم است مگر من به خواست خود بر این پرده ظـاهر نشده‌ام تا بهترین بازی را خلق کنم و سوپر استار این جهان شوم پس چه می‌شود که در حد سیاهی لشکر و یا کمی دورتر فقط ناظر بر احوالات جهان می‌شوم و یا در پس پرده خط و نشان می‌کشم که خدا چنین است و چنان است. چگونه است که آدم‌ها از آدمیت خلع درجه شده‌اند و ماهیت‌شان را از دست داده اند؟ مگر غیر از این است که ما همه جزئی از این پیکره هستیم که با مجرم شناختن و نادیـده گرفتن بخشی از اجزا می‌خواهیم فقط خودمان باشیم و با دیدن مجرمان دیگر که تخلفاتشان سر به فلک کشیده به اندرونی‌های استریلیزه شده‌ی مـان مـی‌رویـم و درها و پنجره‌ها را قفل می‌کنیم و برایمان غیـر از خودمـان و نسـل تکثیـر شـده توسط خودمان بقیه آدم‌ها وهمه چیز معنی و مفهومش را از دسـت مـی‌دهنـد و دائم فقط می‌گوییم مجرم باید حذف شود حالا من یک سوال دارم که اگر پاسـخ دهید من نیز با اعدام و حذف آدم‌های خطاکار موافقت خواهم کرد.

فرض کنید بر اثر غفلت یا بر اثر نداشتن بهداشت یا به هر دلیل دیگری بخشی از بدن شما دچار یک بیماری می‌شود به عنوان مثال انگشت شصـت شـما ابتـدا می‌سوزد و بعد قرمز می‌شود و سپس رو به کبودی می‌رود شما نگران می‌شوید و به پزشک مراجعه می‌کنید پزشک از شما توضیح می‌خواهد و شما نمی‌دانید چـرا این اتفاق افتاده و دائم از ترس‌های‌تان برایش می‌گویید پزشک شما یا حاذق است یا ناآگاه. اگر حاذق باشد برای شما آزمایشاتی را تجویز مـی‌کنـد و یـا بـه شـما

دستور می‌دهد طبق دستورات غذایی و دارویی و مراقبت‌هایی، بیماری‌تان را رفع کنید تا بهبودی حاصل شود اما اگر ناآگاه و جاهل باشد ممکن است به شما بگوید کار از کار گذشته و باید این انگشت را از ریشه جدا کرد شما فرض را بر پزشک دوم خود بگذارید که اصلاً نفهمیده بیماری شما چیست و شما به ناچار انگشتتان را با نارضایتی کامل قطع کرده‌اید اما با کمال تعجب متوجه می‌شوید که انگشت بعدی شما دقیقاً به همان شکل انگشت قبلی شده و این بار هراسان و وحشت زده‌تر از قبل به دنبال راه چاره، باز به نزد همان پزشک صادر کننده‌ی رای قطع کردن می‌روید و باز به شما می‌گوید این انگشت هم باید به همان سرنوشت انگشت قبلی دچار شود این بار یا شما می‌پذیرید یا به سراغ پزشک دیگری می‌روید و درمانتان را با شکل عاقلانه تری ادامه می‌دهید فرض را بر این می‌-گذاریم که شما باز هم انگشتتان را قطع کنید و این کار همین‌طور ادامه یابد و پزشک نادان مدام برای شما از عملی که انجام داده تعریف و تمجید کند! هر بار عضوی از شما را منهدم کند می‌دانید چه می‌شود؟ می‌توانید تصور کنید که چه سرنوشتی انتظار شما را می‌کشد این همان رفتاری است که با مجرمان نیز می‌شود و آنها را با راحت‌ترین منطق اعدام می‌کنند !! شاید برایتان باور و هضم این مسأله سخت باشد اگر بدانید کسانیکه در حال حذف کردن و حذف شدن هستند جزیی از گوشت و پوست و استخوان شما و من و... هستند، اگر این حکم زندان و اعدام حال به هر دلیلی برای فرزند شما پیش بیاید چه می‌کنید؟ حال تصور کنید که آنچه اتفاق افتاده این بوده که بارها فرزندانمان به زندان رفتند و بارها از حق ماندن و زندگی کردن محروم شدند و حتی ما آنها را از فهرست سلول‌های اعضای پیکره خارج کردیم... عجیب است که حتی دلمان برای خودمان هم نسوخت و در حال

فصل سوم: دوران‌ها و عصرها، کشمکش سؤال‌ها

تیشه زدن به ریشه خود هستیم و پتک در دست چنان محکم بر ساختمان هستی می‌کوبیم که هر کس از بیرون به این ماجرا و این صحنه‌ها نگاه کند به دیوانه بودن نسل بشر ذره‌ای شک نمی‌کند ...

با به دست آوردن ماهیت خود می‌توانیم متوجه شویم که هر کدام از ما دنیایی عظیم را تشکیل می‌دهیم با همان پیکره بندی ولی با سلول‌ها و گلبول‌های مختص همان پیکره، در اصل هیچ دو آدمی شبیه به هم نیستند و کاملاً متفاوتند، هر آدم را روبروی یک پیکره بگذارید و ببینید که چندین پیکره و چندین آدم و چندین دنیا وجود دارد و چندین دنیای موازی، من و آدمی دیگری زیر یک سقف زندگی می‌کنیم ولی سلول‌های وجودی او از وجود سلول‌های من بی‌خبرند و حتی ذهن و درک‌های‌مان کاملاً متفاوت و دنیای‌مان با دنیای آدم‌های دیگر مجزاست... حال این دنیای موازی به وجود آمده را می‌خواهیم کشف کنیم: برابر همه‌ی این آدم‌ها، پیکره‌ی هستی قرار دارد و همه، شکل یک هرم شده‌ایم و باید تبدیل به یک پیکره‌ی واحد شویم این مهم فقط با دانستن حقیقت کل اتفاق می‌افتد وگرنه هر کسی در وسعت دنیای خود هنوز در تضاد با هستی و تضاد با دیگران و تضاد با خداوند درگیر دوست داشتن‌های خودش و دروغ گفتن‌ها و دزدی کردن هاست. من به اندازه‌ی درک خودم مفاهیمی را که قبل‌تر از من بزرگانی به صورت کامل و عیان بیان کردند درون این پیکره‌ی عظیم از جهان هستی و آدم قرار دادم، از تمام زوایا بررسی کردم و متوجه شدم آنچه انسان از گذشته‌ی خود می‌خواهد بداند تنها در پیکره‌ی عظیم جهان هستی نیست آن را درون خود هم می‌تواند جستجو کند و آنچه از آینده اش می‌خواهد بداند باز باید آن را درون پیکره‌ی خودش کنکاش کند و چون این کار انجام شود دیگر هیچ رازی در میان

باقی نمی‌ماند و چون رازها عیان می‌شوند هیچ کس نمی‌تواند با بر تن کردن ظواهر، دیگران را فریب دهد اکنون برای انسان که تا قبل از این هیچ چیزی از خود را نمی‌شناخت دیگر کسی با نام دین و مذهب نمی‌تواند او را قاب کند و به خیال خود به او بخواهد بهترین را ارزانی کند چرا که انسان خود دارای عقل و شعور و قدرت تشخیص و انتخاب است و با بینش و جهان بینی جدید خود آنچه را می‌بیند بر روی نمودار جهان هستی و آدم قرار می‌دهد و می‌تواند به این درک جامع برسد که هر چه بیرون از او در حال وقوع است در اصل درون خودش اتفاق می‌افتد و با یک حساب سرانگشتی می‌تواند متوجه‌ی موضوعی بنام راه حل‌های نهایی شود. باید بدانیم که در نهایت ما به اندازه‌ی طبع‌ها و به اندازه‌ی گروه‌های خونی با هم متفاوتیم، منظور من این است که جهان در پیکره‌ی آدم به شکل طبقه بندی شده‌ی گروه‌های خونی و طبع‌های حاصله از آن است، دنیاهای متفاوت و کهکشان‌های متعدد و کارکترهایی که بر این سرزمین‌ها زندگی می‌کنند و ما ماهیت آنها را نمی‌شناسیم مثلاً یک آدم با گروه خونی(B)، خون و اعضای دیگرش نمی‌تواند به آدمی که گروه خونی اش (A) است منتقل شود، وقتی دو گروه خونی خون‌هایشان باهم مخلوط می‌شوند، فاجعه‌ی لخته شدن کمترین خسارت محسوب می‌شود اما من منظورم این است که سلول‌ها و ملکول‌های موجود در بدن هر شخص دنیای جداگانه‌ای هستند که در پیکره‌ی جهان هستی ما فقط توانسته‌ایم زمین و چند کهکشان و ماه و مریخ و... را ببینیم و تازه کشف‌های ما در حد جرم آسمانی بوده و نه پیدایش زندگی بر روی این کرات که من اطمینان دارم حیات در این کرات وجود دارد اما ما به کشف این موجودات دست پیدا نکرده‌ایم.

و اما بیگ بنگ... مسأله‌ی مطرح به جواب نرسیده...

پدیده‌ی بیگ بنگ چگونه به وجود می‌آید؟

در جهان هستی و در این پیکره شاهد چه تعداد بیگ بنگ دیگری هستیم؟

تشکیل بیگ بنگ به دو صورت شکل می‌گیرد اول از برخورد دو دنیای موازی که قسمت‌های نرینه و مادینه آن مثل دو قطب مثبت و منفی یکدیگر را جذب می‌کنند و از این میان با برخورد این دو قطب از دو دنیای متفاوت یک انفجار بزرگ و یک دنیای دیگر متولد می‌شود دقیقاً مانند تولد انسان که از برخورد جنس مذکر و مونث واقعه‌ی تولد انسان شکل می‌پذیرد ولی یک سوال اینجا مطرح می‌شود: اولین رویداد تولد چگونه بوده است؟ اولین رویداد تولد به شکل تکثیر سلولی اتفاق افتاده یعنی یک سلول در حال تکثیر به دو و چهار و... و بعد از این اتفاق، شکل برخورد دو دنیا با یکدیگر، شکل بیگ بنگ و تولد دیگر صورت گرفته است. پدیده‌ی بیگ بنگ تا زمانی‌که نسل آدم شکل می‌گیرد ادامه دارد و با مرگ هر انسان یکی از این دنیاها، موصوف به دنیای موازی از بین می‌رود و شاهد از بین رفتن دنیاهایی که به نوعی تاریخ آنها تمام شده هستیم. شاید یکی از دنیاها هنوز متولد نشده از بین برود و یا در دوران جوانی و نوجوانی، علتش از بین رفتن همتای انسانی‌اش است.

دنیای موازی چیست؟ آیا چیزی در پیکره‌ی هستی به نام پیکره‌ی دیگر وجود دارد و یا این پیکره هم درون پیکره‌ی دیگری است؟ دانشمندان معتقدند به موازات دنیایی که ما در آن زندگی می‌کنیم دنیاهای دیگر با سرنشینان دیگر در حال زندگی کردن هستند، شاید به قدری به ما نزدیک هستند که صورت به صورت ولی از حضور هم بی‌اطلاع هستیم. آنها معتقدند بی‌نهایت دنیای موازی وجود دارد ولی نمی‌توانند ماهیت آنها را بدست بیاورند و آنها را سر در گم کرده و

هر جستجوی آنها، آنها را از اصل حقیقت دورتر می‌کند. در اصل دنیای موازی به تعداد بی‌نهایت نیست بلکه می‌توان آنها را شمارش کرد اما دسترسی نداشتن به ابزاری که بتوان دنیاهای موازی را با یک آمار واقعی نشان دهد کار سهلی نیست، این اصل در علم فیزیک هنوز امکانش فراهم نشده اما نظریه‌ای ثابت می‌کند که تعداد دنیاهای موازی چیزی بالغ بر هفت میلیارد که در حین مرگ و از بین رفتن یک دنیا، دنیای دیگری متولد می‌شود و می‌توان ثابت کرد که در ادامه ما شاهد انفجار دنیای دیگری نخواهیم بود و دنیاهای موازی به جای تولد در حال انقراض هستند که این ربط مستقیمی با حضور انسان و گذراندن دوران کهنسالی اش در روی کره‌ی زمین دارد اما در ادامه‌ی همین بحث باید اضافه کنم دنیاهای موازی شبیه همین دنیای کنونی شاید با رنگ و لعاب متفاوت و مختصات متفاوت، در بحث قبل در مورد تولد و ادامه‌ی حیات انسان‌ها گفته شد که انسان در دوره‌ی میانسالی خود حضور دارد و انسانِ عصر میانسالیِ رو به کهنسالی، قادر به تولید مثل نیست که علت آن‌را انحطاط قسمت نرینه که سمت راست پیکره‌ی آدم را تشکیل داده، عنوان شده است دقیقاً این اتفاق بر روی پیکره برای دنیای موازی هم رقم خورده و متوجه خواهیم شد که اولین سوال مطرح شده یک گونیایی است که با گذاشتنش بر روی همه‌ی مسائل مطرح شده به پاسخ خواهد رسید؟؟ چرا تمام پیکره‌ی هستی باهم قرینه نیستند؟؟ پاسخ این پرسش به وضوح داده شده و اگر این پاسخ داده شده را بر روی تمام مسائل مطرح شده که دغدغه‌ی انسان‌ها بوده بگذاریم پرده از اسرار هستی برداشته خواهد شد.

فصل چهارم:

آخرین ثانیه...

مهاجرت و مهاجرین، پیوند اعضا، سلول‌ها و اعضایی که به تن یک آدم سالخورده پیوند می‌خورند آیا می‌توانند دوام بیاورند؟
زمین در پیکره‌ی آدم در کجا واقع شده؟ در واقع اگر انسان را فقط یک سلول بدانیم کار اشتباهی است چون هفت میلیارد آدم باهم در واقع این سلول را شکل داده‌اند و به طبع انسان‌ها و هر آنچه پیرامون خود می‌بینید از ذره هم جزءترند و این سلول که از پوسته، غشاء سلولی و هسته تشکیل شده و برای تصفیه، عرض بدن را به شکل بیضی طی می‌کند همان حرکت کروی زمین است، متعاقب آن سلول‌های دیگر و دنیای شگفت انگیز آن را می‌توان زیر ذره بین گذاشت و به این درک رسید که ما چه هستیم؟! وحشتناک است وقتی پی به ماهیت خود می‌بریم و می‌فهمیم که اگر یک سلول را بر هفت میلیارد تقسیم کنیم هیچ چیز نیستیم... وقتی از دخترم پرسیدم یک تقسیم بر هفت میلیارد چقدر میشه مثل یک

دانشمند سری تکون داد و گفت یک هفت میلیاردُم... و من فهمیدم یک هفت میلیاردم سهم من از این سلولی است که فکر می‌کردم چقدر وسعت دارد...
اما به واقع همه چیز شکل مجاز دارد و مفهوم دنیای مجازی به همین سادگی روشن میشود. شاید برای شما شگفت انگیز باشد، هفت میلیارد درون فقط یک سلول هستیم و هر روز هم برای باز کردن جا و داشتن امکانات و وسعت دادن به خود و نسل خود چه‌ها که نمی‌کنیم...

چرا بر اساس نظریه‌ی گالیله زمین گرد است؟ آیا زمان گالیله هم چنین امکاناتی برای رصد ستاره‌ها بوده؟ آنچه که از گالیله به دست ما رسیده تنها یک تلسکوپ است و بس و این تنها چیزی‌ست که گالیله با آن آسمان را رصد و به کشف حرکت زمین به دور خورشید به شکل بیضی دست پیدا کرده! امکان رصد زمین به شکلی که گالیله ادعا کرد به طور مسلم او را به دادگاه و اعدام نمی‌کشاند من معتقدم چیزی که گالیله ادعا کرد یک درک بود، درکی از حقیقت اتفاق افتاده بود که او به آن دست یافته بود، آیا گالیله به چیزی بیشتری از این حقیقت به ظاهر واقعیت دست یافته بوده؟! گالیله به پرسپکتیو هستی و انسان و زمین دست پیدا کرده بوده و با مطابقت بر روی پیکره‌ها به این حقیقت رسیده بود که هر آنچه در بدن روی می‌دهد معادل و واقعه‌ی بیرونی دارد و آن را در اشل بزرگتر زمین و سپس در مقیاس وسیعتر و در پیکره‌ی هستی، خود را نشان می‌دهد این نگاه از این منظر را نه گالیله بلکه تمام اندیشمندانی که به کشفی دست پیدا کردند به آن رسیده بودند مانند نیوتن،انیشتین و حتی شاعرانی همچون مولانا، حافظ و بسیاری دیگر از اندیشمندان هریک در حیطه‌ی اندیشه‌ی خود، که از منظر فیزیک یا فلسفه و یا ادبیات به آن رسیده بوده‌اند اما بیان آن

به شکلی که همگان از درکش عاجز نباشند کاری بس دشوار بوده و امیدوارم مِن بعداین گونه نباشد.

هر کدام از ما آدم‌ها چیستیم؟ چه حرکتی داریم؟ در ابتدا گمانم بر این بود که هر کدام از ما انسان‌ها یک سلول از این پیکره هستیم ولی با مساوی کردن و در پرسپکتیو هم قرار دادن سه پیکره به موازات هم متوجه شدم که انسان‌ها همگی در یک سلول هستند و این پیکره‌ی آدم از سلول‌های بسیار تشکیل شده است و ما تنها مسافران یک سفینه‌ی کوچک سلولی هستیم و این شگفت انگیزترین چیزی است که می‌توان بر آن اشراف پیدا کرد و در موردش بحث و جدل نمود اما حقیقت محض همین یک جمله است: هست اما نیست... بالطبع اگر بنیاد سلولی را بشناسیم به حرکت‌ها و دنیاهای دیگر و پیکره‌های دیگر پی خواهیم برداگر چه فقط در وادی حیرت می‌افتیم و شاید تا مدت‌ها غرق در این وادی شویم و کلنجار با افکار از گذشته تا امروز ما را به وادی چالش‌ها بکشاند ولی فرصت‌ها کیمیا هستند و کلیدها در دستانمان و فقط با داشتن کلیدهاپی به اسرار می‌بریم، اگر بخواهیم چونان گذشته به دنبال راه‌های انحرافی باشیم این باقیمانده‌ی فرصت هم تمام می‌شود و انسان در حسرت یافتن می‌ماند و چون بنای انسان این نیست که در حسرت بماند پس دوباره از اول همین مسیر را می‌آید درست مانند فیلمی که در نیمه‌اش خواب مانده‌ای و حالا مجبوری دوباره از اول ببینی. ممکن است این سیر سلسله وار تکامل از دوران نطفگی، جنینی، کودکی، نوجوانی، جوانی، میانسالی و کهنسالی را دوباره و شاید بارها مانند احمق‌ها سپری کنیم تا بالاخره به کشف حقیقت برسیم که چه هستیم؟ که هستیم و برای چه این فیزیک را داریم؟ و به چراهای دیگری که باید پاسخ دهیم پی ببریم به گونه‌ای که کروشه‌ی سوالات

برای همیشه بسته شود و پس از دریافت ماهیت خود پی به عظمت فوق العاده‌ای ببریم و وارد مرحله بعدی زندگی شویم، این بازیی است که مانند جومانجی شروع کننده‌اش با یک حس کنجکاوی شروع به انداختن مهره‌ها کـرده و حـالا بـر اثـر اشتباهات فراوانش می‌خواهد بازی راواگذار کند اما نمی‌داند کـه او چـاره‌ای بجـز ادامه ندارد و اگر غیر از این باشد بارها باید این شکل مسلسل وار چرخه‌ی آمدن و رفتن را تکرار کند تا به حقیقت پی ببرد آنگاه در حقیقت مفهـوم حضـور آدم در چرخه‌ی تسلسل معنی پیدا می‌کند در اصل تسلسل انسان، اشتباهات تکـراری او در به ثمر رسیدن نقشه‌ی آفرینش برای دادن داده‌های درونـی منتقـل شـده بـه بیرون است که همیشه انسان خطاکار داده‌ها را از بیرون به درون می‌برده و امروز بر اثر همان آزمون و خطاها راه دیگری را تِست می‌کند ...از خودشناسی...

کهکشان‌ها در وجود پیکره‌ی هسـتی در کجـا هسـتند؟ آیـا در کهکشـان‌هـا موجودات دیگر زندگی می‌کننـد؟ ایـن چیزهـایی کـه در آسـمان‌هـا مـی‌بینـیم چیستند؟ اگر همین سوال را بر مقیاس سلولی روی گونیای بدست آمـده از سـه زاویه‌ی در حال پرسپکتیو رفته هم بگذاریم متوجه مـی‌شـویم کـه وقتـی هفـت میلیارد بر روی یک سلول زندگی می‌کنیم باقی سـلول‌هـا در ایـن بافـت پیکـره همانند باقی سلول‌های درون بدن هستند نه کمتر و نه بیشتر پس با حساب اینکه پیکره‌ی جهان هستی یک فرد پا به سن گذاشته است شمارش سلول‌های درون پیکره‌ی این آدم به ما کمک می‌کند تا بفهمیم چقدر کرات و سیارات و ستاره‌ها و اجرام و سنگ‌ها و کهکشان درون پیکره هستند.

حتی موضوعی که لاینحل مانده مثل ماده‌ی سیاه!!

فصل چهارم: آخرین ثانیه... ۴۵

حالا اگر تمام موضوعات را روی هم بگذارید کشف عظیم را درخواهید یافت که ماده‌ی سیاهی که کرات و اجرام و ستاره‌ها و سیاره‌ها و... در آن شناورند چیست؟

معادن در کجا قرار گرفته‌اند و کدامشان در حال پایان پذیری است و چرا؟ برای رسیدن به پاسخ این پرسش اول باید سوال دیگری را پاسخ دهیم... به طور دقیق کار کلیه و کبد و قلب و مغز چیست؟ این اعضا به نوعی عملکرد ترکیب معادن را دارند...   این سوال و صدها و هزاران سوال دیگر را اگر بر مبنای یافتن پرسپکتیو سه پیکره بر روی هم به سرعت، پاسخ سوالاتی که درباره پیکره‌ی آدم وارد بر کهنسالی شده را خواهیم گرفت مِن جمله سوالاتی همچون سوخت و نفت که اگر تمام شود چه چیزی جایگزین آن می‌شود؟ آیا ادامه‌ی حیات بدون سوخت فسیلی ممکن است و یا موضوع آب که حیاتی ترین ماده در زمین است و چه زمانی به پایان می‌رسد؟ آیا ما می‌توانیم خود را با بی‌آبی همراه و هم فاز کنیم؟ آیا می‌توان چیزی جایگزین آب کرد؟ مصرفِ آبیِ یک آدم پیر چقدر کاهش پیدا می‌کند؟

دوران کهنسالی چه ویتامین‌هایی در بدن کم یا زیاد می‌شود(معادن)؟ در دوران کهنسالی درون بدن آدم چه مواد زائدی تولید می‌شود؟

درون آدم معادل همان معادن زمین با همان میزان وجود دارد مثلاً اگر در روی کره‌ی زمین ۴۰٪ آهن وجود دارد در بدن هر کدام از انسان‌ها هم به همین میزان در وسعت و قد و قامت و وزن او وجود دارد نه کمتر و نه بیشتر که اگر درصد آن کم و یا زیاد شود عامل بیماری و کمبودها خواهد شد و باید به سرعت آهن از دست رفته در بدن جبران شود وگرنه خسارت ایجاد شده جزئی نخواهد بود

و حتی زمین هم آسیب خواهد دید. در بخشی متوجه می‌شویم که بعضی از معادن در حال پایان پذیری است، علت این امر، زیاده خواهی و اسراف کردن آدم است غافل از اینکه اسراف در معادن (سوخت‌ها و آب‌ها و...) و از بین بردن آنها که در چرخه‌ی حیات بازگشت ندارند از درون نیز آسیب به بافت‌ها و عضلات و سایر بخش‌های داخلی خود است، اگر بی‌محابا شیر آب را باز می‌گذاریم و از اسراف آن لذت می‌بریم در اصل شیر آب بدنتان باز مانده(البته بحث این ماجرا تنها فردی نیست بلکه خسارتی جمعی است) علت کسری آب بدنتان، اسراف موجودی طبیعت است که با اسراف و یا سوختن‌های بی‌اندازه به چرخه باز نمی‌گردد و گاهی بازگشتشان به چرخه شکل و فرمول دیگری پیدا کرده از این‌رو می‌بینیم در بدن در کبد و کلیه‌ها سموم و موادی رسوب کرده‌اند که از دیدگاه علمی پاسخ ندارد. اگر کمی پرده را کنار بزنید و بر جهان هستی نظاره کنید می‌بینید که با سوزاندن معادن سوختی چیزی جز رسوبات به زمین هدیه نکرده‌ایم و اگر در فرمول زمین درصد اندکی سُرب وجود داشته ما با تبدیل کردن‌های بی‌رویه، سرب را افزایش و چرخه‌ی حیات زمین و هستی را به خطر انداخته‌ایم و یا اگر آب را به فاضلاب تبدیل کرده و شکل و فرمول آنرا تغییر داده‌ایم همین مصیبت را به کل جریان هستی وارد کرده ایم....

باید باور کنیم همه‌ی آنچه حتی در مقیاس اندک به اسراف و زیاده‌خواهی و نابودی می‌انجامد پای همه‌ی انسان‌ها در میان است و هیچ کس نمی‌تواند بگوید من در این جریان دخالتی نداشته‌ام به قول آقای برتولت برشت:

کسی که در مبارزه سهمی ندارد از ناکامی‌ها حتماً سهمی خواهد برد....

سوالاتی دیگر: چرا به زبان‌های مختلف گویش داریم؟ چرا زبان فارسی آهنگین، شیرین و لذتبخش است و زبان انگلیسی زبان مرزهاست؟ در پیکره‌ی آدم، سلول‌ها با چه زبانی صحبت می‌کنند و زبان مشترکشان چیست؟

آدم در دوران کهنسالی چه بر سرش می‌آید؟ پایگاه قدرت او کجاست؟ بخش مغزی او کامل تحلیل می‌رود و یا همچنان می‌تواند کارآمد باشد؟ در دوران کهنسالی برای بخش قلب چه اتفاقی رقم می‌خورد؟ در این دوران برای مغز چه اتفاقی می‌افتد؟

آیا می‌توان آینده را پیش بینی کرد؟ این پیش بینی مختص خاصان است یا عوام هم می‌توانند پیش بینی کنند؟

چگونه می‌توانیم نامرئی شویم و از دیوارها بگذریم چگونه می‌توانیم تمام اسرار را از گوی بزرگ ببینیم؟!

و یک ادعای بزرگ...

من ادعا می‌کنم می‌توانم انسان را به اسراری بزرگ هدایت کنم که پرده از قدرت لایتناهی‌اش برمی‌دارد و قادر مطلق می‌شود و می‌تواند از مرزها بگذرد و هر آنچه می‌خواهد به ظهور برساند!

داستانی که حقیقت دارد این است که ما شیشه‌ی عمرمان دست خودمان است اما تصورمان این نیست که هر بلایی سر طبیعت و دیگران می‌آوریم شیشه‌ی ما تهی می‌شود. نکته‌ی مهم این است که ما حکایت جنینی را در شکم مادر داریم که به وسیله‌ی بند ناف از منابع اصلی تغذیه می‌کنیم ولی هرگز نمی‌دانیم که چه هستیم و در کجا به سر می‌بریم، این جریان تا به امروز به همین شکل بوده است، جنین‌های متصل به بند ناف که از چرایی و چگونگی خود به اندازه‌ی فهم یک جنین در موقعیت فضای جا گرفته در توپک خود می‌فهمیده نه کمتر و نه بیشتر و آنچه تا کنون از مرز توپک گذشته اطلاعات و آگاهی‌هایی بوده که از منبع به ما می‌رسیده وگرنه این علم و این سواد اندازه‌ی فهم همان جنینی است که وقتی متولد می‌شود هیچ چیزی از دوران گذشته‌ی خود در درون توپک خیس خود ندارد، از نظر من تا ما به ادراک نرسیم و نفهمیم که هیچ چیز در این پیکره بی‌علت آفریده نشده است و همه چیز حساب و کتاب دارد دورانی به نام دوران عدالت و آخر زمانی به وجود نخواهد آمد.

فصل پنجم:

پایان خودخواهی و حسرت...

در ادامه می‌توانیم با قرار دادن آدم بر روی پیکره‌ی جهان هستی به سوالات بی‌نهایت پاسخ دهیم.

انسان همیشه خود را قدرتمندی ضعیف می‌دانسته، این جمله بسیار تضاد دارد با آنچه که قرار بوده یکتای بی‌نیاز باشد و جایگاه خداوندی را تسخیر کند اما چون ذاتش تسخیرگر بوده، غرور و خودخواهی، ریشه‌اش را خشکانیده و نتوانسته اصل خود را بیابد از اینرو مدام در حال سقوط بوده.

و اما داستان خلقت افسانه گونه‌ی آدم که در آن همه چیز به وضوح مشخص است و تنها انسان مغرور و خودشیفته است که نمی‌تواند حقایق نهفته در آن را ببیند:

آدم بر روی زمینی که پنج بُعدی است زندگی می‌کند و خودش نیز دارای پنج بعد است که تا کنون به تمامی شناخته نشده است. شاید تمام نادانسته‌های

انسان، از آنجایی آغاز می‌شود که نگاهی تک‌بُعدی به انسان، نگاهی تک‌بُعدی به زمین، نگاهی تک‌بُعدی به جهان هستی و نگاهی کمّی و تک‌بُعدی به خالق داشته است. زمین دایره‌ای است که از دو قطب اصلی تشکیل شده که هر دو قطب زاویه‌ای صدوهشتاد درجه دارند که در مجموع سیصد و شصت درجه را تشکیل می‌دهند، از تقاطع دو ضلع(قطر) و تقاطع شعاع آن چهار ضلع نود درجه و از تقسیم اضلاع هشت ضلع چهل و پنج درجه تشکیل می‌شود.

زمین هفده مدار دو تایی یعنی به شکل هفده مدار مثبت و هفده مدار منفی که در روبروی هم قرار دارند، با پالسی از یک مدار به مدار دیگر، جریان وصل متناوب خواهد داشت. مرکزیت این مدار را دایره‌ی فرضی جاذبه یا میدان شعوری شکل داده که از این میدان در مرکز اضلاع واقع شده که یکدیگر راقطع کرده اند، جریان حاصل از این مدارها مانند جریان کلید برق که در حال قطع و یا وصل شدن هستند احتیاج به منبع اصلی دارد که هفت قسمت کنترل کننده در هفت وضعیت در مقیاس چهل و پنج درجه است تا بتواند کلیدها را وصل کند و در اصل حیات انسان‌ها و موجودات به این مدارها و رویدادها بستگی دارد که متأسفانه عاملی که باید مدار را وصل نگه دارد به شکل نامنظم و یا تنها یکی از قطب‌ها را پوشش داده است و این باعث بر هم خوردن تعادل زمین، انسان و هر آنچه بر روی این کره حیات دارد شده است. یعنی در اصل ماهیت اصلی این وضعیت به شکل نیمه عمل کرده و تنها باعث شده تا جریان همچنان وصل بماند و قطع نشود که اگر این واقعه به طور کامل و در جریان وصل دائم قرار گیرد زمین در یک جریان شگفت‌انگیز از قدرت الکترونی قرار می‌گیرد، آنچه تا کنون بشر حتی به اندازه‌ی اندک هم نه دیده و نه شنیده، و با آن قدرتی عظیم به دست خواهد آورد،

در واقع رویداد زمین را تنها عامل انسانی می‌تواند منظم و همه چیز را در مدار و تابش قرار داده شده از میدان شعوری قرار دهد. از آنجا که هر چیزی برای ما اگر جستجوی زیادی داشته خودمان را از تحقیق درباره‌ی آن برحذر کرده‌ایم و یا اگر هم تفحصی بوده نیمه کاره رها شده و یا اصلاً با اصل موضوع در تضاد بوده‌ایم و کلاً همه چیز را منکر شده‌ایم و از آنجا که دید حقیقت گرایانه به موضوع، گذشت و ایثار بسیار می‌خواهد، صبراندکمان ما را به فرار وا می‌دارد.

باز می‌گردم به ماهیت اصلی مرکزیت زمین که مبداء کل هم می‌توان آن را نامگذاری کرد و فقط حکم جاذبه و یا میدان شعوری را ندارد بلکه این میدانگاهیِ وسیع، جریاناتی را در خود دارد که علم اندک بشر نتوانسته به گنجینه‌ی اطلاعاتیِ این مرکز دست پیدا کند و فقط از زاویه‌ی جاذبه، علم و مطالعه‌ی بشر به جایی رسید که همزمان به جاذبه‌ی تاثیرگذار بر اصل واقعه می‌تواند زمان را در قیود خود نگه دارد و عامل بودن یا نبودن زمان بشود ولی به واقع این میدانگاهی، یک جریان عظیم تری را در بر گرفته که با حرکت مداوم و بدون قطع شدن مدار در پنج بُعد، مانند یک غول خفته در زمین بیدار خواهد شد و سطح زمین را در بر خواهد گرفت و تعادل بر زمین حاکم خواهد شد اما چگونه؟؟ چگونه می‌توان کلید دو قطب را به دست آورد؟؟

با به دست آوردن کلید دو قطب و به جریان انداختن مداوم آن چه اتفاقی برای نسل بشر و هر آنچه بر این سیاره حیات دارد می‌افتد؟

اگر زمینِ دایره‌ای شکل را تصور کنیم و مدارها را در وصل به هم یعنی یک مدار تا رسیدن به مدار بعدی و مدارها در تکمیل هم تا مدارهای بعدی شکل گرفته‌اند و مدام هم در حال قطع و وصل بوده‌اند خسارت ناشی از این قطع و

وصلِ جریانِ میدانِ شعوری در میدانگاهی چقدر بوده؟ آیا جای جبران برای این خسارت ناشی از کم اطلاعات بودن بشری وجود دارد؟

به هر حال این آینه بازتابی دارد که «باید» در آن حاکم است و تا زمانی که «باید» حکمش اجرا نشود همچنان بشر و همه‌ی هستی در حال غرق شدن در تاریکی‌های جهل هستند اما خداوند همه چیز را به انسان بخشیده و فقط از او خواسته تا برای یافتن تفکر کند و در واقع ثروت خداوند در منبعِ میدانگاهی قرار دارد که دسترسی به آن بسیار ساده است و اصلاً سخت نیست تنها برای رسیدن به این منبع داشتن حُسن نیت، کافی است، بدون پیش داوری و تضاد و کلنجار رفتن با اصل مسأله...

لطفاً قبل از اینکه این رویداد را تعریف کنم هیچ قضاوت و پیش داوری نکنید و تا پایان ماجرا را بدون تضاد مطالعه کنید حتی اگر واقعاً با این مسأله مشکل دارید...

در حقیقت صورت مسأله‌ی مطرح شده، جواب آماده - حاضری هم به شکل معماگونه در خود داشت ولی از آنجایی که پرده‌ی ضخیمِ تعصب و انکار، اجازه‌ی رمزگشایی را نمی‌دهد توطئه‌ها از آستین کسانی که در جهل خود، خود را به کوری و کری می‌زنند همچنان تا امروز اجازه‌ی انتشار این مطالب از دیدگاه انسانی داده نشده و مسأله همچنان به قوت خود لاینحل باقی مانده است اما امروز این راز از پرده بیرون خواهد افتاد.

تمام ادیان بخشی از این راز را با خود حمل کرده و پاسخش را هم به شکل آیینی - عبادی نشان دادند ولی آخرین کتاب و آخرین پیامبر آنرا تکمیل کردند

کتاب قرآن که مسلمانان هر کدام یک یا دوجلد و یا چند جلد از آن را در خانه‌ی خود نگهداری می‌کنند کشف رمز تمام آثار نقاشی شده‌ی هستی و انسان و خالق آن خداوند است ولی از آنجا که انسان در طمع و حسرت و حسادت و نافرمانی به عمد نشان داد که یکه تاز تمام هستی است و خداوندگار هم از دوست داشتن افراطی، از وجود خود در آن دمید برایش همان لحظه مسأله را حل کرد اما این آدم خودخواه‌تر از همیشه، سر به بالا، حتی حاضر نشد نگاهی به اعماق مسأله‌ی حل شده کند.

نماز برای همه‌ی مذاهب وجود دارد ولی در دین اسلام شکل ظاهری اش تکامل پیدا کرده است آیا برای لحظه‌ای اندیشیده‌اید چرا باید در شبانه روز پنج نوبت و در هر نوبت هفده رکعت و در هر رکعت هفت عضو بر سطح زمین غالب شوند؟ و در رکعت‌ها جمله‌هایی به تشابه بگوییم؟ قبله‌ای که مسلمانان بر آن رو می‌کنند چه اسراری دارد و چرا همگان در یک سو به شکل متحد در سرتاسر کره‌ی زمین به آن سمت، این اعمال را به جا می‌آورند؟؟ دراصل آنچه به عنوان قبله گاه مسلمانان در تجمعی برای انجام عبادت نماز به جا می‌آورند، در ساعاتی مقرر شده، در حقیقت هجوم متحد گونه‌ای است به سمت این میدانگاهی که چون از اسرار قبله گاه و نماز واقف نیستیم(همه‌ی آدم‌ها) و همیشه در جدال انجام دادن و انجام ندادن آن را یک وظیفه می‌پنداریم این جریان به گونه‌ی بازی بچه گانه‌ای ترسیم شده که دسته چکی بزرگ را به کودکی خردسال داده و گفته‌اند این برای توست و چون کودک از علم و کاربردِ دسته چک خبر ندارد آن‌را دفتر نقاشی خود نموده و یا آن‌را خط خطی و پاره و کثیف کرده است، در نهایت

اگر کمی هم بزرگتر شده باشد و بداند دسته چک چیست، می‌تواند در آن عددی نوشته و با آن خریدی کند نهایتاً خریدی در حد شکلات و یا بستنی و آب نبات.

نمازی که در شبانه روز پنج نوبت در ساعاتی مقرر شده به جا می‌آوریم کشف رمز واقعه‌ی میدان شعوری است که همچنان مدارهای هفده گانه در تقاطع وصل به این جریان مدام در حال اتصالی کردن و قطع و وصل شدن هستند و هیچ کس نمی‌داند اگر این مدار به طور کامل قطع شود چه واقعه‌ای رُخ خواهد داد؟

و اما سوال بعد که فقط مطرح می‌کنم: تمام آنچه از این پازل شکل گرفته را قبول می‌کنیم ولی چرا باید از اصل، زمین دارای این مدار و این حرکت به دور خودش و این میدانگاهی باشد؟ و یک سوال دیگر اعداد زوج و فرد در مدار چه نقشی دارند؟

عدد پنج – عدد هفده – عدد هفت،عدد چهار ، عدد هشت، عدد دو، عدد سه و... این اعداد چه نقشی در پیکره‌ها دارند آیا این پاسخ مستقیم به انسان، زمین، جهان هستی و هوشمندی مربوط می‌شود؟

سوال باز هم قابل دیدن است لطفاً عینک‌های غبار آلوده‌تان را بر دارید تا بتوانید ببینید.

انچه بر روی زمین اتفاق می‌افتد، کلید هم شما و هم حرکات زاویه‌دار شماست و در حقیقت کلید گاوصندوق اسرار می‌باشد.

این در حقیقت رویداد حاکم درون شماست یعنی این کلید که شامل تعدادی حرکت و چند دیالوگ مشابه است از درون نیز شما را دگرگون می‌کند و سامان می‌دهد و این نقشه درون انسان هم به همین ترتیب پنج نوبت در مدار سیصد و

شصت درجه در تکرار هفده گانگی‌هاست و شکلی عظیم دارد که باید آستین‌ها را بالا زده و اسرار آن را بگشایید. اما قبل هر چیز بدانید که آن میدانگاهی شعوری، مرکزیت شما را به همان وسعت شکل می‌دهد «قلب» !!!

و در ادامه اگر می‌خواهید به اسرار هستی پی ببرید بدانید که کاری سخت و ناشدنی نیست، تنها با در دست داشتن نقشه‌ی آفرینش یعنی پرسپکتیو جهان هستی و آدم به اسرار هستی پی خواهید برد. کاری که صد در صد مطمئن هستم وقتی به آن واقف شوید از جدال‌ها و سردرگمی‌ها و مرگ‌ها و خونریزی‌ها دست برداشته و به صلحی ابد خواهید رسید.

انسان از زمان خلقتش با یک آزمون هزاران خطا کرد، زمانی که شیطان بر او سجده نکرد نفرت در وجودش ریشه دوانید و چون خداوند امانتی به او سپرد در آن امانت خیانت کرد و چون آبرویش را در خطر دید دروغی بزرگ گفت و چون دروغ، توجیه و عاملی می‌خواهد تهمت زد و چون تهمت بزنی یا باید اثبات کنی یا دست به کشتار بزنی، چون آدمی در حسرت یک سجده مانده بود، هزاران دروغ گفت و هزاران خیانت کرد و هزاران تهمت زد و هزاران کشتار... امروز ما مانده‌ایم و هزاران هزار کشتار... و هزاران هزار راه که به دست انسانِ حسرت کشیده‌ی حریص، ویران شده است و امروز باید تمام راه آمده را برگردیم و تمام راه ویران شده را بسازیم.

تقدیم به استاد عشق! خدای عاشقانه‌ها

دیدم به چشم خویشتن، آنجا که او بخشنده بود
اما توان آدمی از دیدن لطف و کرم درمانده بود

دیدم که در مُشتش پر از اعجاز بود، تفویض بر آدم نمود
اما که آدم بخل داشت از دیدن آن معجزه در ترس بود

از بس که کارش حیله و نیرنگ بود
اندیشه اش از این فساد در جنگ بود

گاهی به خود می‌گفت شاید آنچه او از معجزه داده به واقع واقعیت باشد اما گاه با خود در جدال از بهر یک نیرنگ در اوج تمسخر بر سر یک جنگ با خود و خدا

گاهی تمنای وصالش می‌نمود
گاهی خودش را غرق در اوهام و سرکش سوی هر جا رو نمود

گاهی پشیمان بود و گاهی بی‌نفس
گاهی چنان افسار از هم می‌گُسست

آدم که در یک شورش از شوری جدا افتاده است
دنبال یک چیزی که خود از یافتنش عاجز شده است

می گردد اما دست خالی دستهایش خالی است
از هر طرف درها به رویش بسته است

باز آن صدا را که فرا می‌خواندش
باز آدم از حرص و طمع سوی چراغ دیگری بهر تمنا می‌رود

دیگر مجالی نیست ای آدم بیا، این کیسه‌ی پر گشته از شهوت پرستی غالب است آن را رها کن دل به رویاها نبند، در اوج لذت شاهد و تسلیم باش، قلبت به قلب عشق در یک فصل سرد

گرم است با عشق و تمنای وصال حضرت باری تعالی آنکه با نامش تمام فصل‌های آفرینش جور دیگر می‌نوشت...

و امروز استاد عاشقانه‌ها خداوندگار پرهیزگار را سپاس می‌گویم که پازل بزرگ را برایم به ارمغان آورد می‌دانی خدا که تمام وجودم از تو شاکر است و روزی پرده‌ها خواهد افتاد و آینه‌ی وجودت بر همگان خواهد تابید و تا آن روز دور نیست شاید فردا حادثه اتفاق بیافتد و من همچنان منتظرم تا الیه الراجعون. و از شما نیز که سخاوتمندانه کتابِ نامه وار من را خواندید سپاسگزارم و از این بابت خوشحالم.

و من الله التوفیق
پایان یافته در ماه دی سده‌ی یک هزار و سیصد و نود و چهار خورشیدی
زهرا شفیعی

Sensualism has got your control

Leave it and do not dream,see the reality and submit it,

Your heart beats because of God's love while being disappointed

By having belief in God one can change his destiny.

And today I thank the lord of romantics,the abstemious God who brings me the big puzzle as a gift, you know my essence is thankful to God and one day the secrets will be disclosed and all people would understand and believe in you,and it's not so far.It may happen tomorrow,and I am still waiting until I die and return to you.

I thank you for reading my book generously and I am happy for it.

My God Bless

Zahra Shafiei

A gift to the lord of romantics! The God of ……..

I saw myself that he was generous

But human was unable to see his favors and

I saw his fist full of miracle submitted to the human

But the stingy human feared to see that miracle

Because of being trickery,

His thought was challenged

Sometimes he thought what he was given as a miracle was in fact a real one

But sometimes because of trickery at the height of ridicule struggled with God and himself

Sometimes he desired to get at him

Sometimes was dreaming and disobediently walked everywhere

Sometimes he was sorry and exhausted

Sometimes lost his temper and wisdom

The human who has been separated from love looked for something he was unable to find,but his hands are bare and because of the lack of faith he faces all the closed doors

He hears again the one who called him

but the greedy person looks for his needs somewhere else

no chance is left,come on,human,

perspective of the universe and human you will know the secrets of the essence.It's a job,I'm one hundred percent sure,if you become aware of it,you will leave struggles, challenges,bewilderment,bloodshed,and will get at the eternal peace.

From the time of birth Adam(human) made one thousand errors because of one test.When Saton did not accept to worship and respect him,his heart became full of hatred and when God lent him,he betrayed ,and since he found his honor at risk,he told a big lie,and since lie needs justification and reasoning,he accused someone/something else and when one accuses someone/sth,he shouls prove it ;otherwise he tries to kill others.Since human regretted a pray(respect),he told one thousand lies and betrayed one thousand times and accused one thousand times and killed thousands,…Today we have been left along with thousands of killing,and thousands of thousands directions which have been destroyed by the regretful human,and now we should return all the path we have paved and build (repair) all the destroyed way.

cheque book is,he can write digits on it or do a buy,at most buying something like chocolate,ice cream or candy.

The pray we say five times a day at the appointed time is the disclosure of the password(secret) of the event of liminal square in which the 17 orbits in the intersection of this current are continuously connected and disconnected and no one knows what will happen if this orbit is disconnected completely?

The next question that I just raised here:I accept what has been formed out of this puzzle,but why should the earth possess this orbit and why should this movement be around itself and this square?And another question is that :What roles do odd and even digits have in orbit?

What role do the numbers 5,17,7,4,8,2,3,…have in the statues?Does this direct answer relate to human,the earth,the world and sagacity?

The question is observable again,please remove your dusty glasses in order to be able to see.

What happens on the earth is the key of you and all your angled movement and in fact it's the key of secret safe.

In fact it's the ruling event within you,i.e,this key which includes some movements and some similardialogues,transforms your conditions and organizes it and this plan within human in the orbit of 360 degrees is repeated five times a day through saying one's prayers,and has a huge form which you should try and disclose its secrets.But you should know in advance that liminl square(center)shapes your centrality to that extent,i.e,"the heart"!!!

Following if you want to discover the secrets of universe,you should know it's not a hard and impossible job,just through having the map of creation,i.e,the this point from human's point of view,and theproblem has still been left unsolved.But today this secret will be disclosed.

All religions have some part of this secret (puzzle) and answered it in a ritual and worship way,but the last prophet and the last heavenly book(Qu'ran) completed it.The Holy Qu'ran which moslems have two or three volumes of it at their homes is the disclosure of the secret(password) of all painted cooks of the existence (universe) and human and its creature.But human because of his greed,regret,jealousy and disobedience deliberately showed that he is the forefront of the whole universe,so God granted some part of his extremist love to him and solved the problem for him at that moment.But this human who is more selfish than ever,disobeyed him and did not accept to have a look at the depth of the solved problem.

Pray exists in all religions but in Islam its appearance has evolved.Have you thought for a moment that why 7 organs of the body should touch the surface of the ground 5 times a day,each time 17 postures?Why should we repeat similar sentences in postures?What secrets does the Qibla which molems face while saying their prayers have?and Why do moslems all around the world say their prayers toward this place,Qibla,in a united form?? In fact the place which is called Qibla and the moslems who say their prayers and worship God in a crowd at an appointed time is the united attack towards this place and since we are not aware of the secretsof Qibla and praying and all the time in the struggle of doing or not doing,we regard it a duty.This event has been drawn in the form of childish play(game) in which a big cheque book is given to an infant and he is told that it's for him and since he is not aware of the use of it,he uses it as a painting notebook and draws doodles on it or torns it.At last if he grew up a little and knew what a fact this square includes a huge event circuit that through continuous movement and without orbit interruption in 5 dimensions it will wake up like a sleeping giant and will include the surface of earth and the earth will be unbalanced.But how??How can one get the key(switch) of both poles??

What would happen to the human generation and whatever living on this planet if one got the switch of two poles and continuously made the circus work?

If we imagine continuous putting into operation and the orbits connected to each other,i.e,the orbits have been located one after the other to complete each other and continuously have been connected and disconnected,how much has the damage of this connection and disconnection of liminal square been in this regard?Is there any make up for the damage resulted from human's lack of enough information?

Anyway this mirror has a reflection in which "must" is dominant and unless the orders of "must" is performed,humans and all the universe will be drown in ignorance,but God has granted anything to the human and has only asked him to think on finding (to think before finding anything) and in fact God's property is the source which is easily accessible and it's not difficult for all,and to get access to this source having good will is enough,of course one should not challenge,oppose or prejudice the origin of the matter,etc.

Please do not judge or prejudice before defining this event and study the event to the end without any opposition even if you have difficulty with this problem,etc.

In fact the proposed problem had a ready made answer in a puzzle form in it,but since the thick layer of bigotry and denial don't let decryption,those who pretend to be deaf and blind as the result of ignorancehave not let the circulation of gravity circle or liminal square has formed the centrality of this orbit which is located in the center of sides which have cut each other.Like the current of lightswitch which is connected or disconnected continuously the current produced by these orbits needs a main source which is seven controllers in 7 conditions in 45 scale so that it can connect switches and in fact the life of humans and creatures depends on these orbits and events.Unfortunately the factor which should keep the circuit connected, irregularly or alone has covered one of the poles and this has unbalanced the earth,human and anything living on this planet,i.e,in fact the main nature of this situation has used half of its power and has just caused the current to stay still connected and not disconnected,and if this event is done completely and the current becomes permanently connected,the earth will be placed in a wonderful flow of electronic power,the thing that up to now human neither has seen nor heard and by means of that he will achieve a huge strength.In fact only the human factor can make the earth regular and put everything on the circuit of liminal square.Since we have avoided whatever has required much search and research and if there has been any research,it has been left incomplete or we have been in complete contrast with the origin of the matter and have denied anything and since an realistic view towards the topic nedds much forgiveness and sacrifice,our less patience makes us escape the matter.

    I return to the main nature of the centrality of the earth which can also be named "the whole origin" and does not act just as gravity or liminal quare but this large square has some circuitswithin that the limited knowledge of human has not been able to get access to its information treasure (source) and just from gravity angle his knowledge and study reached to the point that with the effective gravity on the origin of the event he can simultaneously keep the time within its constraints and become the determinant or indeterminant factor of the time,but in

CHAPTER FIVE

The End of Selfishness and Regret

Following,through putting human on statue of universe we can answer infinite questions.

The man always considered himself a powerful one who is weak,this sentence is in paradox with what God supposed him to be,to have God's position,but since his nature has desired to conquer(capture),pride and egoism have made his root dry and he has not been able to find his origin,hence he is constantly falling down.

But in legends like the story of human creation everything is obvious(definite) and only proud and selfish ones can't find and understand the hidden facts.

The man lives on the five dimensional earth and he himself also possesses five dimensions which have not been recognized completely yet.perhaps all the unbeknownst starts from the point that having one dimensional point of view towards human has lead into one dimensional point of view towardsearth,one dimensional point of view towards universe and quantitative and qualitative view towards the creator.The earth is a circle formed of two main poles each one is one hundred degrees,which totally form 360 degrees.Through the intersection of two sides(diameter) and intersection of its radius four sides of 90 degrees and through division of sides eight sides of 45 degrees are formed.

The earth has 17 couples of orbits,i.e,17 positive circuits and 17 negative ones placed (located) opposite each other,and through the flow of current from one orbit to another,the earth will have a contact alternating current.The supposed

And a Big Claim...

I claim I can lead humans into a big secret which removes the barriers of their infinite power and they become omnipotent and can pass the boundaries and make whatever they want to be appeared! The real story is that we have the authority over our lifetime and we don't imagine that any disaster we cause for nature and others finishes our lifetime. The important point is that we are not as a fetus in the womb of a woman(mother) fed by umbilical cord,but do we know who we are and where we are?This matter has been in this way up to now.The fetuses connected to umbilical cord which knew about how and why of their existence the same as a fetus located in a space of its tupac,neither more ,nor less.And now what has passed the tupac is the information and awareness which we received;otherwise,this knowledge equals the understanding of the fetus that when it's born,has no knowledge about its past within the humid tupac.

In my opinion the era of justice and apocalypse will not come into existence unless we understand anything in this statue has been created purposefully and every thing is purposeful.

body,liver and kidney which have no scientific answer.If you pull over the curtains a bit and observe the world,you can see we have given nothing except sediment to the earth through burning fuel mines and was there a few percent massicot through wasteful conversion,we would increase the amount of massicot and put the cycle of earth life and universe in danger,and if we have turned water into waste water and have changed its shape and formula,we would have caused the same disaster to the whole universe,…

We must believe that whatever results in profusion,avarice and destruction even partially,all people have a share and no one can claim that he has no role.As Bertolt Brecht said:"Anyone who has no role in the war,would certainly inherit a share of its failure(fiasco)".

Other questions:Why do we have dialects in different languages?Why is Persian language enjoyable,sweet and musical?and Why English is the language of boundaries and which language do cells use in humand statue and what's their common language?

What happens to the man in his old age?Where is his power base?Does his brain weaken completely ot can it still be efficient?What happens to the heart during old age?What happens to the brain during this period?

Can one predict the future?Is this prediction dedicated to gentlefolks or common people cal also predict the future?

How can we become invisible and pass through the walls and how can we see all the secrets out of the big ball?!

Where are the mines located and which of them is going to be exhausted and why?To get its answer we should first answer another question.What's the exact function of kidney,liver,heart and brain?To some extent these organs have the combining function of mines.If we put this and hundreds and thousands ofquestions together to find the perspective of 3 statues,soon we will get the answer of the questions raised about the statue of a man who is getting older such as what would replace fuel and gas when they are exhausted.Is life possible without fossil fuels or when will water,the most vital substance in the universe,be finished?Can we undergo the lack of water?Can water be replaced with anything?How much does the water consumption of an old man decrease?What vitamins are found in the old age more and which ones are found less in the body?What waste materials are produces within the body during old age?The existence of mines in the earth equals its amount within the human body.For instance if there is 4% iron in the earth,there will be the same amount of it in the height and weight of human body,neither less,nor more.And if the percent of it incresed or decreased,it would cause illness and also shortage of it,and soon there must be some actions to compensate the shortage of iron;otherwise,the damage would not be partial but serious.In one part we become aware that some of the mines are going to be exhaustedas the result of human avarice and waste of minerals,not knowing that profusion of mines(fuels,water,...) and as a result the lack of them which are not recyclable in nature would harm tissues,muscles and other internal organs of the body.If we leave the faucet open forthright and enjoy wasting it,in fact we lose water of our body (of course it's not a privte matter,but a public issue).The reason of your body's water deficit is profusion of water supply of nature which does not return to the cycle through profusion or infinite wasting,and some times they return to the cycle in different forms and formula.Therefore, we understand that some substances have sedimented in the embryonic,childhood,adolescence,juvenile,midlife,and old age again like the idiots until we finally discover this fact that what we are?Who we are and what we have this body for?and we may be able to answer other questions about the reason of them in a way that the bracket of questions is put aside forever and after getting our nature we understand the extraordinary greatnessand enter the new stage of life.This is the game like Jumanji in which the starter of the game throws the taws with the sense of curiosity but because of his numerous mistakes he is going to lose the game.But he has no choice but to continue;otherwise,he should repeat the continuous cycle of coming and going until he realizes the reality.Then the presence of human in continuous cycle become meaningful.In fact human continuity is his iterative mistakes to give success to the plan of creation to give its transferred internal data outside whilst the erroneous human used to take data in and now because of that trial and error tests another way …from selfknowledge…where the galaxiesare located in the statue of universe?Do other creatures live in galaxies?What are those we observe in the sky?If we put this question on a cellular basis(scale) on the achieved bevel from three angles in perspective,we become aware that when we ,7 billions,live on one cell,the other cells in the statue are alike the other cells within our body,neither less,nor more,so that the statue of the universe of an old man has got older,counting the number of cells within the statue of human helps us to understand how many globes,planets,stars,bodies,stones and galaxies exist within this statue.

Even the problem which has been left unsolved like the black substance!!

Now if you bring all the problems together,you will get the huge discovery that what is the black substance within which globes,bodies,stars,planets,etc float?

of the reality which had happened that he had achieved.Did Galileo find something more than this seemingly reality?He had got access to the perspective of the essence,human,and earth and through matching them with the statues he had understood that whatever happens in human body has an equal external happening and shows itself in the big scale of earth and then in a larger scale and in the statue of essence.Not only Galileo but also all the scientists who discovered something such as Newton,Einstein and even poets like Molana,Hafez and many of other scholars in their own fields of studywho have got at this understanding from the view point of physics or philosophy or literature,but expressing it in a way that the public can understand has been hard job,and I hope it won't be in this way later on.

What are we,the humans?What movement do we have?At first I reckoned each of us as a cell of this statue but by equalizing and placing three statues in each other's perspective in parallel form I noticed that all humans are in one cell.Human statue has been made of many cells.We are just passengers of a small cellular ship.It's the most amazing thing one can dominate at and discuss it.But the fact is just this one sentence:It exists but it is not there.In fact if we recognize skin cells,we will understand movemens,other worlds and statues even though we get surprised and we may stay in this condition for some time,and the challenge with our thought may take us to the land of struggles from the past time up to now,but the chances are precious and we have the keys by means of which we understand the secrets.If we wanted to look for deviated direction as before,we would lose the last chance of our life and we aould regret.Since he is not supposed to regret,so again he crossed the direction from the beginning exactly like a film during watching it you have fallen into asleep and now you have to watch it from the beginning.We may spend the evolution period from

CHAPTER FOUR

The Last Second

Migration,migrants,organ transplantation,cells and the organs which are transplantedin the body of an old man,Can they survive?

Where has the earth been located in human statue?It's mistaken if we regard human just a cell,because in fact 7 billion people form together this cell and as a result humans and what they observe around themselves are more partial (too smaller) than a particle.This cell which has been formed of crust,embryonic layer,and core passes for purification through the width of the body in an oval shape.That's the round movement of earth.Following it we can put other cells and its wonderful world under a magnifier and understand what we are?!It's terrible when we find out our nature and know that if we divide a cell into 7 billions,the result is nothing,i.e,we worth nothing… when I asked my daughter what the result of the division of one into 7 billion was.she shook her head like a scientist and sait one out of 7 billions,etc.I understood one out of 7 billion is my share of this cell which I thought how big it was,etc.But each thing has in fact an allowed shape.The concept of a virtual world is classified in a simple way.It might be wonderful for you.We ,seven billions,are within a cell and every day we do every thing to create space, have facilities and spread our generation and extent.

Why is the earth round,as Galileo said?Were there equipments like today to observe the stars?We have just inherited only telescope from Galileo,nothing more and it's the only thing by means of which Galileo observed the sky and discovered the movement of the earth around the sun in an oval shape.The possibility of observing the earth in the form Galileo claimed could not lead him into court and execution.I believe what Galileo claimed was his understanding,an understanding different colors and shapes,and different characteristics.In the previous discussion on birth and continuity of human life it was mentioned that human is in his mid life and this man who is getting older is not able to reproduce which is caused by the decline of male part which has formed the right part of human body.It was mentioned that this happening has been occurred for (on) the parallel world and we will know that the first raised is a bevel which will lead into the answer by putting it on all raised questions.Why are not the whole parts of the universe symmetrical?The answer to this question has been given clearly and if we put the given answer on all the raised problems which are the concern of humans,the secrets of universe will be disclosed.

positive and negative poles.In this regard through the collision of these two parts from two different worlds a big explosion and another world are born exactly like the birth of human which is shaped through collision of male and female,but here a question is raised.How has the first event of birth been?The first event of birth has happened in the form of cellular proliferation,i.e,one cell has reproduced two,four,etc cells and after that from the collision of two worlds with each other,Big Bang has been formed and another birth has been done.Big Bang continues until human generation is formed and through the death of each person one of these worlds,so called parallel world,is ruined and we observe the destruction of the world which has been expired.Perhaps one of the worlds may die before it's given birth,or in its adolescence and juvenile,the destruction of its human peer may cause its death.

What's a parallel world?Is there any other statue in the statue of universe?or Is this statue also within another statue?Scientists believe that in parallel with the world we live in,there are other worlds with other residents who live in them.They might be so close to us that we are face to face but we are unaware of each other's presence.They believe that there are infinite parallel worlds but they can't get their nature(essence) and it has made them confused,and each search takes them away from the reality.In fact there are not infinite parallel worlds and no one can count them but the lack of access to the tools to show the real number of parallel worlds is not an easy job.In physics this probability has not been provided,but a theory proves that the number of parallel worlds exceeds 7 billions while by adding one world a new one is born and no one can prove that we won't observe the explosion of another world.Instead of birth the parallel worlds are going to be extincted which has a direct relationship with human's presence and spending his old age on the earth.It must be added that parallel worlds exist like the present world in himself and also what he wants to know about his future should be looked for within himself and when this is done,there will be no secret left undiscovered and when secrets are disclosed,no one can play a trick on others by means of appearance.Now no one can cheat the man who did not know anything about himself in advance under the pretext of Islam and religion and imagine that he gives the best thing because the man himself possesses wisdom,reasoning,sense and thepower of choice and recognition ,and by means of his new insight and worlview he places whatever he sees on the diagram of the universe and human and can arrive at this comprehensive understanding that whatever us happening in the world is ,in fact, happening inside him and by the rule of thumb he can understand an issue called final solution.We must know that we are different from each other to the size of our natures and blood groups.I mean that the world in human statue is in the form of classified bloog groups and its resulted natures.Different worlds and several galaxies and characters which live on these lands and we don't know their nature,for example,the blood and other organs of a man having B blood group can't be transferred to one having A blood group.When two different blood groups are mixed,the problem of clotting is considered the least harm,but I mean that the cells and molecules being present in the body of a person form a separate world.In the statue of universe we could just have seen the earth,some galaxies,the moon,Mars,etc.We have been able to discover heavenly body not the birth of life on different planets in which I believe in the existence of life,but we have not been able to discover them.But Big Bang..... isan unanswered problem...

How many other Big Bangs do we observe in the world and universe?

Formation of Big Bang is done in two ways.First through the collision of two parallel worlds the female and male parts of them attract each other like the incognizant doctor continuously compliments his deeds!Each time one of your organs is cut off.Do you know what happens?Can you imagine what is expecting you?This is the behavior done towards criminals and based on the easiest logic they are executed!!It may be difficult to understand it if you know those who omit or are omitted are part of skin,bone and body of yours and mine,etc. What do you do if the prison and execution sentences happen for your child?Now suppose that several times our children were sent to the jails and were deprived of the right of living and residing and we put their names aside from the list of the members of the statue…It's strange that we did not pity ourselves and we are hurting our root and we ledgehammer the building of essence so severely that if anyone has a look at this event and the scenes ,he will surely consider the human a mad.

Through finding our nature we can notice that each of us forms a huge world which has the same statue but specific cells and globules of that statue.In fact never are two people similar to each other and are completely different.Put each man on one statue and see how many statues,bodies and worlds and parallel worlds exist.The other man and I live in ahuge world but his cells are unaware of the presence of mine and even our minds and understanding are completely different and our worlds are separate from each other.Now we want to discover the produced parallel world.The statue of essence is located opposite all these people and we have all become a pyramid and should change into a unit statue.This happens just through knowing the whole world reality;otherwise,anyone in his own world is involved in selfishness and lying and robbery while being in contrast with essence,others and God.To my understanding I put the concepts which others expressed clearly and completely before me inside the huge statue of universe and human.I examined it from different angles and noticed what human wants to know about his past does not exist just in huge statue of universe,he can look for it within best role and become the super star of this world.So how I accept to be an extra or somehow farther just monitor the events of the world or behind the scenes I threat that God is so and such.How is it possible that humans have lost their humanity and nature?Is not it true that we are a part of this statue that through regarding others as criminals or neglecting some of the components we want just ourselves to be present(exist) and through seeing other criminals who have done a lot of crimes we refer to our sterilized inward and lock the doors and windows and we consider other humans and things and the generation we have generated unimportant and meaningless and always we say that the criminals must be omitted.Now I have one question that If you answer me ,I will agree with the execution and omission of wrongdoers.

Suppose that because of negligence or lack of sanitation or any other reason one part of your body becomes ill.For example,your thumb gets burnt and then becomes red and blue.You get worried and go to the doctor.He asks you to explain the event.You don't know why it has happened and always talk about your fears.Your doctor is either skillful or incognizant.If he is skillful,he prescribes some experiments for you or orders you ro remove your illness by means of food,medicine,and care until you recover.But if he is incognizant,he may tell it's late and you should cut off your thumb.Suppose the incognizant doctor has not recognized your illness and unsatisfactorily and inevitably cuts your thumb completely.But surprisingly you see one of the other fingers becomes like your thumb and this time while you are more afraid and creepy you look for a solution and again refer to the doctor who ordered your thumb to be cut off and he also says that this finger must be cut off like your thumb.You may either accept his words or look for another doctor and continue your cure process in a more wisely manner.Suppose you have your finger cut off this time again and it continues and matching them with each other.Each of the cells of human body has a character and definite function.Imagine one of the cells gets up in the morning and checks itself in a mirror and sees itself which is producing hands and feet.That how I have evolved as a human and I have been a unicellular at the beginning and have been formed in the womb in this shape,we are just one cell.We have been formed because of the universe and have been turned into the present form.Imagine your cells and tissues.They have also hands and feet.They go to school.They have parents.Each one has a life similar to ours.It's somehow confusing,but thinking about it helps us to find our essence(nature).This causes our self-glorification,pride,and arrogance become null.When we realized we are just one cell and we rotate ourselves to decorate ourselves,in fact the beauty has made us wasteful.But I have a frame out of my ignorance .I have forced myself to work within this frame.A frame whose mental damages is sometimes more than its physical harms.In this way I have caused some damages to myself and the statue of universe.A cell has given me the birth while not knoing much about it and I am reproducing other cells,and I should examine my conditions and know that my responsibility is not just eating,sleeping ,and raising body and reproducing(duplicating) my self,I have a heavy responsibility I must be aware of it before death comes to me.A heavy and difficult responsibility I should shoulder myself and now I am confused among thousands,or millions or billions of frames and since bewilderment is painful for human,his life ends through carefree.If we don't care and imagine it's none of our business and some one comes at apocalypse and corrects everything over a night.We should regret our imagination ... of course I don't deny that apocalypse is near and I don't deny the savior either,but not in a way that without thinking deeply about the event I stay calm inside a bottle(container) until someone comes and opens all ways.It's not apprehensible for me.Is not true that I have appeared on this world deliberately in order to play the

Question: What are the boundaries in human body? And whether this boundary exists in human statue or not?

The boundaries do also exist in human body and are separated from each other by means of mucous membranes.This separation in the present form makes impossible the entrance of the cells of each part to the other parts.If it happens,it is warned ,for instance,the entrance of cells of other organs to the brain is regarded as an attack.This attack is reported soon and the invader is disappeared soon.Each part has a separating mucous membrane and is guarded by the guards.One can't imagine what happens if these boundaries and guards did not exist, and cells and finespuns passed the boundaries and entered the brain.

Another case is accumulation (coming together) and turning into a gland (tumor) which might have been resulted from collection of a number of cells around each other in a tissue ,in that case can the guard cope with these emigrants or it will result in cancer?Failure(negligence) or efficieny of the guards would determine the health or destruction.This important issue on the statue of universe also causes this problem.Now a question is raised: What should be done to deal with the attack of the people during migration?The answer is simple.The promotion of man's insight after finding his nature(essence),automatically will result in the solving the problems.In that case anyone is placed in his own position and knows that if he leaves his position,he will create embolism(the separated moving mass) which involuntarily and unconsciously will involve a part of the statue of the universe in a tragedy (disaster).

By answering this question we can answer the next question:Who is the man?and What form does he have?Is it really because of our nature that we are so?The answer is found by having the map of the world and human statue and useless considered somethingexcept a plant?!So it's so funny.We had made our decision to remove each other from the universe!!

To get at oldness just two steps are left and what do we want to do with this old and tired body?

Through the exact internal and external study of an old man we can answer thousands of questions,for instance,what's the contemporary man's desire for surgery operations for? From which resources do today's designing regarding make up,clothes and other cases come from? And what will the man do after this? Answering these and hundreds of other questions would be possible through adaptation with the whole map and we would be able to predict the process of buying and selling,building,shortages,production of generations,loneliness and other experiences.

The old men get weak and feel the cold weather even in summer!!In old age we will experience cool summers and the cold weather (coldness) will increase,but this coldness is not like the coldness is not like the coldness of ice age,it's a dry cold.

Truly how big the purpose of creation is, and arrogantly I look for justice while having pride,lusts,wars,destructiveness,whilst I myself have been the cause of all destructions and injustices.By putting these bodies on each other and decreasing the discrepancy of the layers I have succeeded to answer the following question.First I raise questions and then I answer them.Discussing the questions and getting at answers becomes so easy that all the time we deal with a new question to match with this body.Perhaps solving the puzzle of the existence is one of the entertainments of the late era man.

Through examining kidneys, liver, stomach and intensines of an old person we can discover other secrets that if we match an old one with the universe, the future of the countries located in this region will be shaped.

Today that I live in Iran and in the heart part, I should know that emotions are located in the left hemisphere and in the female part, and we can find the reason of morality and behavior in this part and notice that if it deals with struggles and stresses all the time, soon the blood vessels of the heart will be closed and in future Iran which is located in the heart part of the universe would experience important and serious problems even infraction. Egoism is not just just for humans, it happens for the whole universe and we should understand this important fact that one's mistake harms the whole universe, meaning the big countries whichhave captured the brain should be aware that if the heart gets into trouble, they will also get into trouble. This is a serious threat. A more important point which all the countries should know is that if the brain is destroyed, the whole system will give up its consciousness or even may die. It is considered a bilateral benefit and harm the understanding of which is not far from the mind or fact. The thing we should understand is putting aside the infinite selfishness and this time the war occurs in the form of radiations within the body not caused by atomic energy and weapons, etc. It's a funny theory and show that the countries which have captured the heart and brain hurt each other not knowing that making harm (hurting) itself equals hurting the root they think it won't be damaged at anytime. It's a false supposition that through one's destruction, you get stronger, for example, what happens if the brain works well but the other organs don't work well? If the brain of this man had an unlimited capacity, the lack of the other organs turns it into a dead organ. Is the one who has no sign of life and just his heart works and the other organs have been body organs wrinkle and we can clearly notice this event in universe through the shortage of water and foldingds of the surface of the earth.

By studying the conditions of an old man we can estimate his future fully: What goes on inside the body of an old man? The brain weakens and forgets and the power of memory decreases and continuously repeates past events and can't decide for its future whilst it looks back continuously and its emotions govern its wisdom,sometimes looks back at his childhood and sometimes thinks of his youth.According to this event we can warn the countries residing in the brain (one of these countries is America) that they are going to decline,so the things they must worry about is not the atomic bombs of other countries,but the weakening of all their views(opinions) harms them several times,therefore, they should be warned that they should not invest on wars and channels of getting at power,instead they should just think about one thing,...Old age is coming soon!This is a serious warning for those who govern in the brain(America) and the control station of the body,soon their power will weaken,etc.

An old one loses the power of fighting and just reviews his memories and uses his experiences and desires a calm and peaceful life,but he is still greedy and fears death severely and now he tries to get to paradise and wants to remind others of the mistakes he has made,and since his memory has faded out and he has become forgetful the activities he does fade the trust.So he uses technology to record his belongings/property in the ironic system ,this man would not be able to create new works and he can just reserve his previous knowledge by means of tools.He shows affection towards antiques and searches for happiness through collecting his memories and honors of his grand parents.Little by little he gets away from technology and waits while he does not know what he is waiting for.

one oppose him and sometimes his pertinacities become funny because he violates others' rights so as others just respect him but he is forced to retreat because he supposes that he should use a new weapon,the era of creation of machines and technology and gradual submitting himself(oneself) to machines is replaced by the thoughts of going and finding and through virtual communication everything gets a new shape and color,etc.

These days when I put the war in the form of a diagram and examine and compare the war between the heart and brain I think if in natural condition a heart attack happens three times in one person,he will die.The body of the universe has had heart attack for two times because of world wars I and II,Can we rescue it from the world war III or the countries located in brain and heart parts attack each other so severly that this old body living on a wheel chair,welocmes death in its old age or that the third heart attack (world war III) causes another tragedy for the body of universe?

Indeed if our body cells made their own decisions and overtook each other in struggles and put each other aside,would we be still like the human being?

Through recognizing the present condition of the comtemporary man or the average man who gets older,we face more wonderful discoveries,for example, the body of the man which coincides the body of universe gives up its capabilities in its right part gradually,this issue in the diagram of the universe is understood/seen in this way that the number of the birth of the boys noticeably decreases,after spending mid life era an old man loses his productivity gradually.This happening is seen exactly on the universe that the productivity in old generation decreases.The water of an old man's body decreases and hid want to deal with it soon.First of all how much water exists inside the circle which is considered the world(land) of prenatal?Put it on the body of the world: At the time of the birth of the world,how much water covered the surface of the world and how much of the earth was covered with land? The amount(proportion)of water and land is completely and exactly equal to the amount of the liquid within which the fetus floats!It's strange but a pure truth!Childhood of a man:Through recognizing the spirits of a child and a partial psychology towards his spirits,and making it equal to the world we notice his childish curiosities and findings.Childhood is the era of simplicity,acceptances and learnings.Compare this period with the era of discoveries and finding the fire and iron,etc.Adolescence(juvenile) era of a man:During this period the world is concerned with the birth of civilization and cultures and the feeling of being mature and showing himself which is in the boundary of childhood and adolescence and tries to do something.Adolescence and the birth of loves and struggles over arrogances and honors and the birth of art era from the birth of musics and statues and literature and shows,etc ,romantic era,etc,which are regarde as the most superb part of the honors of the world and human and his flourishment and it was a reply to those who said that why are the art era and the birth and ceration of works and presenting innovations repeated;how the man could create the biggest works during this era and build the warlock structures and was the artistic creator of the knowledge,art,knowings,Bu Ali ,Hafez,Khayam,Attar,Van guk,Davinci era,.... Which is an answer to those who think to get the difference among the eras,during their adolescence and oldness,etc.But midlife era is the era of greeds,trying (running) towards unknown destinations,wars,massacres,and eradications done for the purpose of conquest,seize,possessing,....This man desires to be respected,and every one listens to his words and does not let any

CHAPTER THREE

Eras and Ages, The struggle of questions

What do we know about prenatal? During our childhood what do we know about a child? Or what form do adolescence and youth have? And what moral characteristics should a man in his mid life have?What gifts or threats and fears does getting older have for an old man? Or Whether he kows anything about his future or not? Have you known this question about migration of races and racism that why I who lives in Iran can't accept an Afghan who speaks the same language as me? Or why I accept people from other races such as Armenia?If you examine your body you notice that sometimes when the internal organ transplant is to be done ,after some experiments ,etc,the transplant is recognized suitable and it is done,but sometimes a new transplanted organ can't be accepted by the body because the guard cells can't identify (recognize) it and attack it,and sometimes unlike the negative result of the experiments the transplanted organ is accepted and the cells and body guards welcome it, and sometimes the guards make a mistake in recognition of the newly transplanted organ (the cellular and molecular similarity is very much) and out of human body this phenomenon is called "racism"!!!

Have you sought about the situation of the earth that Galileo claimed it's round and rotates within human body up to now?Where is the earth? Is it round? Does it rotate?Certainly I say that if you put any proven theory or unproven theory in this axis one side of which is human body and the other side is the world,you will get the answer of all your questions.These are the questions which need to be explained in one thousand pages,but I am so excited that I events have happened to it and the reason of the repetition of these events over time is that we don't examine why they happen,an issue which has been planned by ignorant and unwise people through fallacy and it has caused much suffering for Iran,etc. I hope we discover the reason of it.

It was fantastic when one day in one of my friends' home I saw a surreal painting on the wall which made me think deeply,a book with ambiguous writings and the face of a body half of which was a man and the other half was a woman .When I asked the owner of the painting to read the hidden book in the painting he was surprised because it was meaningless for him,exactly like me for whom as a man understanding the book of the world was always difficult that if I succeeded to read and understand the book of the world,in that case I could know (solve) all the secrets.I must say that the answer of all questions is in the birth of human (Adam) and the world,just we should try and turn the pages of the book of the world back.It will be wonderful for you when you understand the errors (mistakes) which have been repeated during the history could be solved so easily and we have got confused and it's centuries we look forward to get rid of this plight (difficulty).

Vertical diagram of perspective:

It shows cell body,the earth ,human body,universe,the sagacity ruling the world and the righteous God.

Horizontal diagram of perspective:

It shows embryo period,prenatal,childhood,adolescence,youth,mid life and oldness.

What do we mean by saying that "The history is repeated.?

This history is repeated and we reprehend ourselves continuously that why this happening has occurred during the history,but now that happening occurs with much intensity.Why we don't learn from the past and do not compensate for the damage? The reason has been written clearly on the screen of the universe and human body,for example,in your childhood you might have a bone fracture and your bone has healed up through self- therapyor deficient cure but you have grown up and a little pressure on your bone makes you feel pain and the possibility of breaking or spraining in that point each moment threatens you.This fracture gets older and your tissues are not strong as your childhood any more and you heal up again but you have this fracture from youe childhood to other stages of your life and when you are in and age that you have passed your childhood and the happening,an other happening causes this suffering to become more severe and the fracture to become worse.

What would happen if you are old and this event (bone fracture) occurs for you which would cause you to be hospitalized and slow and late recovery would make your mood very worse.Repetition of history is the same as not treating or healing up the injury in a way that a little excuse causes that happening to happen in greater and worse scales.I want to say that if we put the repeated historical happenings in the world body,for example, the problems and events occurred for the heart organ of this body during the history,would happen in the next periods of the growth of this heart and if we don't give priority to the source and reason of the events and just think of partial treatment and recovery, this historical repetition happens until it causes us to die unless we understand why this happening has been repeated in greater scale and what we should do ? From the time Iran came in to existence, many good and bad thinking about this occurrence makes us think until we notice the map of the world has been formed based on the map of human body and if we match the geographical map on human body,we will know that through the help of a simple diagram we have ignored easily we can find the whole meaning of the universe.By putting the map of the geography on the body of the world and human body, we see where the map of Iran has been located on human body.Also we see where other countries have been located .On this way we can easily locate any thing and according to this resulted map we can get access to a huge treasure of occurences and realities(facts)!!!

When I realized this fact I understood what position Iran has and how political,historical,…. events from the birth of the universe up to now have been occurred and how they will occur afterwards and this way of occurring and predicting is not devoted just to Iran ,and we can observe all countries under the magnifier of this discovery. In the map of the world you see Oran is located south west which is exactly the same as the location of the heart organ of the body of the world.

The heart is the source of blood and is the blood carrying organ to all parts of the body and one can locate all parts of countries in this body so that we can understand why humans have been born in different colors and races.In fact like the cells and tissues of the bodyeach of which has a specific job and each one has its own shape,size and face,for example,brain cells are similar to the heart cells and do not function like them,or cells of bones are not similar tomuscle tissues cells,etc, and when we place this body on human's body,we understand something more than it,etc.

unity sometimes wisdom and sometimes love influence our thoughts.When you look(examine) never these man and woman within the human walk oppose each other and each one plays its role to complete the whole and no one has advantage over the other.The man and woman within the body which have a boundary as thin as hair between midlife and oldness have been along each other in complete coordination not in disobedience trying to evolve human that if they disobeyed,the human would be a laggard or like androgyneity or many of the humans who have not grown up and this is a symbol(sign) of the unity of the huge body of the universe even though seemingly we see man and woman separate from each other and in struggle and opposite thoughts which hurt the tissues of the world I examined this answer thousand times from different the view point of color,race and nation.This question should be asked about the body so as to get the answer of the question that for what part of the body each of the cells have been designed.For example,the tissues,shape and size and even the color of the bone cells whose job is to sustain and strengthen bones is far different from the tissues,shape and even the color of skin cells because each of the cells in any part of the body has a specific job which is useless out of its job domain and in case it enters another cellular domain it will be very difficult to adapt itself.But in the real world of humans we have observed that the tall humasn with dark skin and different race have been able to live among white men with average height or the mixture of them has created a new generation,although this important event might happen,They have got away from their own origin and are still called for their own origin.Now we do this in human body and we notice disorder in the system,but the science (knowledge) considers it a gene disorder while this event in a cell which has disobeyed and has left its own place and has turned into a different personality which has no sign of its original personality is sometimes destructive.In the first stage source(root) of gravity the man could reach the whole.I know and I am sure what I have matched to two bodies can guide human to his destination and the human who has become greedy if he finds his nature. He will become justice and will know that the partial benefits result in general benefits and when the justice is overwhelmed,the era which is passed in violence would pass and finish quickly.

I like the first question which has bothered me as all of my questions and that's why nothing in the world is symmetrical and I narrowed down it (all things in the world are either male or female and nothing is symmetrical with its half even an atom),but primarily I continued the development of this question by raising this question that why the body of human is not symmetrical? andfound out that it makes no difference whether a person is a man or a woman,all the humans possess two left and right hemispheres of which the right one is more stronger and the left one is more delicate and sensitive and a little bit smaller than the right one,and now that I put this body on the body of essence and understood that whatever exists and occurs in the universe has occurred and is occurring in human body exactly.Human body is made up of two right and left hemispheres of which the right one is bigger and stronger and all the activities are done by this hemisphere,but it has complete harmony with the left one.

Human statue is made up of two female and male hemispheres which are united and complete the whole entity of human which resulted in an action which causes the growth and continuity of life.In the left part of the body the heart exists and in the right part the brain exists.The action(job) of the left part comes from sensation ,love and agitation and is full of feelings (emotions) and the right part follows wisdom and logic,but since both parts are in complete

CHAPTER TWO

The Big Track

It's a long time my mind is busy dealing with a big problem, and day and night I think about it.It's something like a big discoveryfrom a huge treasure.when one of my questions is answered each time I approach a step to this infinite treasure.These days while searching for the treasure of my essence (existence),I have got something more than it.Now whenever I discover a new thing ,my restless soul easily ignores this discovery because I know it has hidden another discovery within the soul.

I had understood that the man has been located in perspective of the universe and whatever exists in this world,also exists within me,but struggling with this issue which was twinkling and was inviting me to a path gave me a masochism sense,what I saw was not much different from what was proved by the theory of scientists but it meant a long and round about path to me.

The questions whose answers I got simply and I had realized even the answer of the questions could have high sense which made clear some realities so that no one would ever accept superstitious answers and can reply the correctness scale of his answers by placing them in two bodies of the universe and human,and do not get in to trouble of perverted path which results into endless paths and the man himself could find answers to his questions ,and by raising a question around him thousands of questions would not surround him and the answer of that question resulted to the final answer.For instance,through the discovery of gravity thousands,millions and billions of questions were raised but if he included this one question in the body of human in scale of the world,the question did not continue and through discovering the worse.Long years ago when I asked my mom about the real nature of God,she gave me the answerher mother had given to her and her grandmother had given to her mother,and she expected me to understand and accept God's being light and invisible with no resistance and search.To tell the truth,now that I look back I am happy that the wrong answer to my first question could not stop my next questions and I continued to find my way,although the direction of finding my straight way was becoming more difficuly and complicated,getting at the treasure of the answers to my questions was sweeter than anything else.If in this era they deny every thing,it's so satisfactory for me not to have a plant life because (as a result of) fear from ignorance and reticence.

born again.This important matter is done by humans themselves and they destroy themselves and I am pleased with this destruction.Humans do not die easily but they die while suffering from the loss of many things.

I don't believe in war but I am satisfied that after reading these manuscripts every one prepares himself for destroying and ruining through war and as a result destruction occurs which causes a fire which burns all they have achieved,whatever the human has.

Now I can't accept blindly whatever that has been for me obligatory in the past.This might have happened for you that a question has bothered you day and night and no one could find a convincing answer for it and while you search and try more,they remove you from what you ask,and there is just one reason for it.They don't know themselves,but I want to know ,i.e,I should know;otherwise,my life on the earth would have plant form which is to survive,and I don't like this way of life.In fact,I don't want photosynthesis without receiving the source or knowing my origin and root and finding the track and getting at my own origin.I want to know who I am?What am I doing here, with physics?where I have come from.I can't accept the secret story of Adam and Eve without a sensible proof.I want a knowledge to tell me the routine of the whole universe without intact or secrecy.I don't accept what they ask me to accept or what exists. I accept that story about the essence which possesses a valid evidence originally.When I got familiar with Mr Stephen Hawking's theories,I doubted and I supposed my activities waste of time and I got God more invisible than ever and got myself a plant which has no capability and finally with a supply of corruption and ruin he passes away without any understanding of his creation,with no sign of humanity.Continuously I plunged in a vacuum,it was like going to die,even

CHAPTER ONE

An old one's advice

The story starts from here and also ends here.

    A bomb of different kind is going to be made which explodes soon and destroys the whole world.This bomb is being made and soon will explode and destroy the world.Even the superpowers can't stand it though they produce and make the best weapons and strong castles, and boycott other countries and form so called "5+1" group and come together at a table and manifest their power.I am happy that the world skirted under the bulldozer sets fire to dead bodies.I want the world to know that of all egoism of the human just the art and philosophy will remain and the rest would be ruined.I am happy that the superstitious idols that the man has built for himself will be ruined by themselves and all the man has accumulated through his regrets and property greedwould be consumed by fire.Racism,schism,quantities,temples,superstitions, etc will be invalidated and the people would live in peace, and through this peace and placation among themselves and with God the chronic existence of the statue (racism,schism,...) which is ignited and flames and removes ignorance,the people would celebrate and compose songs and dance,the time at which people will have advantage over each other just because of love.

    I don't believe in war, but inevitably the man eters a new stage which I call it the start of World War III in a new condition.Willy nilly you do enter this stage (era) but it does not correspond with your imagination and what you have heard or read about the end of the world would be ruined in a fraction of time after it.I don't believe in war,but inevitably the human should die and be considers God and the governing rules of the universe accidental and in his opinion it's lottery of God in any physical process that whenever he has desired he has made fun of the whole universe,well done the human and all his belongings which is the source of pride,self glorification,and egoism of his one dimensionality,etc.

I present this book form letter to all scientists and accomplished ones and those who search for the reason of God's and their own existence and also I present it to you,professorStephen Hawking,who from the beginning of your career in the field of research presented some issues and points which made others think .

We appreciate your presence in the world.

dimensions of this whole like pins and anything except that is human's violation not lack of rules,etc.

The thing that has made man helpless is the earth's and his quintette aspects in which he has grown up and since he has looked the universe and its surroundings from one dimensional point of view his answers have been left incomplete.My letter is not just dedicated to you,it's for all mankinds who have viewed the body of the world from one dimensional point of view and has never been able to observe the complete dimension together and in harmony,and because of being incapable he has denied every thing and has considered the world aimless.I hope before the end of your life in this aspect of life you receive my letter and before you leave the world you observe the quintette aspects of cellular body,the earth,human body,the universe and sagacity body and its governing rules (i.e,the time and space of cellular body, the time and space of the earth, the time and space of human body, the time and space of universe, the time and space of sagacity body) that these five bodies in parallel with each other in a perspective,linked and inseparable line figure out the "whole entitiy" that in scaling (measurement) of another section of eternity and spacelessness,you would observe the bodies in the next stage of your life and I hope all your knowledge lets you see which is the last resort to arrive at the formulu and laws,the thing which is not what mathematicians and the scientists of quantum,meta physics and other sciences know.The rules have been written clearly on quintette screen of the "whole entity".Not being arrogant is enough.Then we will understand the final solution.

I know that knowledge is awareness and not human's little knowledge,and that the whole universe has been designed based on regular rules and principles which we consider them accidental since we can't realize them.Well done the human who has been left disable because of God's enormity (magnificence) and

Preface

Hi,it's me,Zahra Shafiei,and what I sent you is not my own knowledge but it's an understanding of infinite ocean of the universe.Big portion of my life was spent wastefully on getting knowledge from my professors and scholars,and because of egoism and claim I felt myself superior and I boasted what I received from the rush of thoughts,and now I know that I am the most illiterate one on this planet against the infinite knowledge of the almighty God.Accept my best regards.Before publishing my letter in this book I mailed it to you in person but one of your assistants,Dr Wood,replied me in a way meaning that you have just little time and have devoted it to yourself and to show my respect to you I did not insist more,and decided to publish my letter in this book until you may desire to answer it.In this paper form letter I have referred neither to quantum and meta-physics ,nor to basic hypoyhesis of physics which is a candidate for hypotheses of all things,and not to classic physics,math,geometry,astronomy which was unable to answer and if it was able,it might get to a different direction, which is originated from reality you can see it repeatedly from the view point of dominant laws(rules) and prove.I am not here to controvert you or to show off.Now after this long conversation as I have disclosed a reality and have discovered something which many humans might not have understood the rules and have died while denying,I was obliged to retell you the story of the rules which have been left unavailable until in a struggle with lack of knowledge do not leave this aspect ,and if you realized anything unlike being little and suddenly in the vaccum of its lack you resort to the doors and walls and torn your clothes and got God more invisible than ever and denied him,know that since the man has perverted from what is invisible,otherwise the dominant rules of the universe have included the

Contents

Preface

Chapter One: **An old one's advice**

Chapter Two: **The big Track**

Chapter Three: **Eras and Ages, The struggle of questions**

Chapter Four: **The Last Second**

Chapter Five: **The End of Selfishness and Regret**

To

The masterpiece of The World, Professor Mohammad Ali Taheri, The Thoughtful of The Era of Thought

Title: The Letter of An Iranian Woman to Mr. Stephen Hawking
(Persian and English Edition)
Author: Zahra Shafiei Dehaghani
Translator: Ahmad Moetamad Kouzeh Konan
ISBN-13: 978-1939123541
ISBN-10: 1939123542
LCCN (Library Congress Control Number): 2016918724
Publisher: Supreme Century, RESEDA, CALIFORNIA, USA

Zahra Shafiei Dehaghani © 2016

All Rights Reserved

All rights reserved. No part of this book may be reproduced or transmitted in any form or by any means, electronic or mechanical, including photocopying and recording, or by any information storage and retrieval system, without permission in writing from the author.

The Letter of An Iranian Woman
to
Mr Stephen Hawking

By: **Zahra Shafiei Dehaghani**

Translator: **Ahmad Moetamad Kouzeh Konan**

In the Name of Allah,

The Beneficent, The Merciful

O You who believe! believe in Allah